The Choice

ザ・チョイス

複雑さに惑わされるな!

エリヤフ・ゴールドラット▶著
岸良裕司▶監訳　三本木 亮▶訳

ダイヤモンド社

THE CHOICE

by

Eliyahu M. Goldratt

Original English language edition published by
The North River Press Publishing Corporation, Great Barrington, MA, USA.
Japanese translation rights arranged with
The North River Press Publishing Corporation through Ryo Sambongi

本書について

エリヤフ・ゴールドラット博士は、おそらく多くの読者には経営理論の泰斗、あるいは『ザ・ゴール』の著者として広く知られていることでしょう。しかし、博士のことをよく知っている人なら、科学者、あるいは教育者と考えている人もいます。また、本人は頑なに否定していますが、「天才」と呼ぶ人さえいます。私にとっては、博士はもちろん、そのすべてであり、またそれ以上の存在だと言えます。

私は、博士とは二五年以上の長きにわたって出版社の代表、編集者、また友人として付き合ってきました。これまでに、私のノースリバープレス社から、博士の著作を九冊、世に送り出してきました。そして、それらは二七か国語に翻訳され、出版からかなりの年月を経た今日でもロングセラーを続け、数百万部を超える販売部数を記録しています。特に、代表作『ザ・ゴール』は、二〇年前と変わらない部数がいまでも毎年コンスタントに売れています。これは、驚くべきことだと言えるでしょう。

博士は、かなり以前から、ハードサイエンス（自然科学）のアプローチや手法が、社会科学にも応用できることを示そうと取り組んできました。その最初のターゲットとして、選んだのが経営科学でした。こうして博士が開発したのが、『ザ・ゴール』の出版以来、世界中で目覚ましい成果を出し続けるＴＯＣ（Theory of Constraints：制約理論）でした。簡単に言えば、制約となっているボトルネック一点に集中、管理することで全体のパフォーマンスを改善するという理論です。『ザ・ゴール』に書かれているとおりのことを実行しただけで、たちまち業績が改善した工場が続出したというエピソードも誕生しました。

その後、ＴＯＣを単なる生産管理理論から、会計、思考方法、新しいプロジェクト・マネジメント法へと発展させてきたのはご承知のとおりです。ＴＯＣは、現在では欧米のほとんどすべてのビジネススクール、ＭＢＡプログラムで教えられており、また世界中の何千という企業、政府機関で実際に用いられています。製造業からヘルスケア、あるいは教育に至るまで、あらゆる分野で成功を収め、適用されるようになりました。

博士の理論は、従来の経営の考え方からは大きく逸脱するものでしたが、それが徐々にビジネス界で広く受け入れられるようになっていく様子は、まさに特筆に値するものでした。もちろん、その過程で、いくつもの失敗を重ねてきました。しかし、その一つひとつの失敗がまた新たな考え、アプローチ、手法へとつながり、さらなる成功へと導いてくれたのも事実です。

こうした取り組みを通して、博士はこれまで著書で述べてきたこと以上のアプローチを開発、開拓してきました。それらは、単に経営分野にとどまらず、組織や人間をよりよくする実践的な哲学とも言えるものになっていました。それを知る私は、博士にその哲学、アプローチの方法を本にまとめてほしいと求め続けてきました。そしてようやく本書『ザ・チョイス』が誕生したのです。

本書で博士は、今日の高度に複雑化した企業においても「何が本当に重要か」を見極めることができれば、短期間に著しいパフォーマンスの向上を成し遂げることができることを証明してみせます。また自身の娘エフラットとの会話を通じ、「ものごとは、そもそもシンプルである」「人はもともと善良である」という二つの信念の根本的なあり方を説明することで、あらためて深遠な思考に基づいたアプローチを提唱しています。

読者の方々が、私と同様、多くのことを本書から学ばれることを願ってやみません。

ノースリバープレス代表
ラリー・ガッド

日本語版への序文

私のこれまでの仕事はすべて、ハードサイエンス（自然科学）に用いられている基本的なコンセプトや手法は社会科学にも応用できる、応用すべきだという信念に基づくものです。そのコンセプトの一つは、アイザック・ニュートンが唱えた『現実は自らと調和している』（意味については、本書で詳細に説明）という概念です。日本の文化は、和を非常に重んじると聞き、私の制約理論は、欧米よりもむしろ日本でより速く受け入れられるはずと予想していました。そして、喜ばしいことに、その期待どおりの結果となりました。

しかし、同時に予想していなかったことが起きたのです。日本からのフィードバックから、私は調和という概念に対する理解の幅を大きく広げざるを得なくなったのです。その時に、私は自分自身の理論に対する理解がどれだけ限られたものだったかを悟ったのです。いくつも事例はありますが、その一つを使って説明しましょう。

制約理論の手法の中で、特に急速に日本で広まっているのが『ＣＣＰＭ（クリティカルチェーン・プロジェクト・マネジメント）』と呼ばれるプロジェクト・マネジメントの手法です。プロジェクト・マネジメントには、高い不確実性がつきものです。確実に納期までに納入するために、見積もり時間により多くの安全余裕（セーフティータイム）を取らなければなりません。その一方で、迅速に納入するためには、セーフティータイムをできるだけ少なくしなければいけません。こうした根本的な対立が、プロジェクト環境にあるとしても不思議ではありません。

ＣＣＰＭの手法は、このセーフティータイムが十分に（実際には、多すぎるほど）用意されているのに、それが無駄に浪費されているとの理解をベースにしています。従来のプロジェクト環境における過ちは、パフォーマンスの評価の基準に見積もり時間が用いられていることです。このありふれたやり方が、一つひとつのタスクの時間見積もりに、たっぷりとセーフティータイムを持つように人を押しやってしまうのです。セーフティータイムは、タスクのレベルではなく、本来、プロジェクトのレベルで挿入されるべきなのです。

そうした根本的な過ちを修正することで、ＣＣＰＭが用いられるあらゆるプロジェクト・マネジメントのパフォーマンスは、大きく改善されるのです。プロジェクトの納期遵守率は著しく向上し、全体のリードタイムは大幅に短縮され、費やされる時間も減り、品質も向上するというのが、実践した人たちの共通した証言です。
もちろん、日本からもこうした証言は聞かれますが、しかし重視していることに明らかな違いが見られたのです。それを的確に表わしているのが、岸良裕司氏が『マネジメント改革の工程表』（中経出版）の「はじめに」に記した次の一文です。

寄せられた喜びの声の中には「たちどころに数億円儲けてしまいました」という方もおられるが、儲けたことを成功だという方は意外に少ない。読者の方々の共通する感想は以下のようなものである。
「儲けたのは確かにうれしいが、それよりうれしいのは、人材が育成されたことだ。社内に広がるチームワーク、やりがい・はりあい。こんな会社に私はしたかったんだ！」

私は、ＣＣＰＭソリューションを開発するにあたって、プロジェクトという環境そのものの根本的な調和とは何かを見極めることに特に注意を払いました。その調和を壊してしまうような根本的な対立を作り出している誤った思い込みとは何か、に集中したのです。しかし、日本からのフィードバックによって、異なる角度から考えざるを得なくなったのです。私は、人と人との間に存在している調和を観察しはじめたのです。何が、人と人の間に不調和な関係を生み出しているのか、なぜCCPMのソリューションによって、同じ環境でも本当に調和のとれた関係を享受することができるのかを調べはじめたのです。

解読するのは比較的容易なことでした。プロジェクトに関わっている人それぞれの立場に自分を置いて考えてみたのです。

欧米企業においても、一つひとつのタスクを完了するのに割り当てられる時間は、上司が勝手に決めつけるものではありません。上司があなたのところにやって来て、タスクを完成させるのにどのくらいの時間がかかるのか、あなたの見積もり時間をヒアリングしていきます。経験豊富なあなたは、タスクを行なうのに不確実性が大きく関わっていることを十分わかっていて、必ずしもすべてのことが順調にいかないことも、何かしらの困難に直面したり、何らかの壁に直面する可能性があることも十分承知しています。そのため、あなたは「状況によります……」と上司に説明しようとします。しかしもちろん、そんな答えで納得してもらえるはずがありません。上司は、ちゃんとした数字で答えるように求めてきます。

さて、あなたならどうしますか。タスクを完了できるか、できないか半々の確率の見積もり時間を提示しますか。いいえ、欧米の文化でさえ、そんなことはしないでしょう。日本人にとって、信頼できる従業員であるとまわりから見られることが何よりも重要であるという印象を私は受けています。ですから、はっきりとした数字で答えを示すよう求められると、あなたは見積もり時間にセーフティータイムを付け足す以外に選択肢がなくなってしまうのです。

こうして八割か、九割の確率でタスクを完了できる数字を選ぶのです。そして上司と交渉して、一定の見積もり時間に落ち着くのです（もちろん、上司と交渉しなければいけないことは最初からわかっているので、そのことを頭に入れて、あなたは見積もり時間を算出するに違いありません）。

では、もっと一般的なケースとして、セーフティータイムがそれほど大きくない、七割の確率でタスクを完了できる場合を想定してみましょう。この場合も、見積もり時間にセーフティータイムをたっぷり取ってあるので、期限よりもかなり早めにタスクを完了することは可能でしょう。そして、そのとおりタスクが早く完了したら、あなたは、誇らしく仕事が早く終了したことを報告します。しかし、次に上司から見積もり時間を求められた時、いったいどうなるでしょうか。だいたいの想像はつくでしょう。そう、もっと見積もり時間を短くしろと言われるのです。であれば、こと細かくタスクの仕上がりを確認して、しっかりとした仕事をすることに余った時間を使った方が賢明かもしれないのです。つまり、急いで、約束した納期より前に納品をするよりも、時間をすべて使い切った方がいいということになってしまうのです。

次は、自分をプロジェクト・マネージャーの立場に置いてみてください。当然、あなたはいい仕事をしたいはずです。期限内にプロジェクトを終わらせ、コストも予算内に収め、約束したことはすべて果たそうと思うでしょう。しかし、複数のプロジェクトが同時に進行しているマルチ・プロジェクトの環境においては、実際の作業を行なう人たちすべてがあなたの管理下にあるわけではありません。

彼らは、他のプロジェクトにも関わっているのです。あなたに唯一できることは、彼らの上司であるリソース・マネージャーにアプローチして、彼の部下にあなたのプロジェクトの仕事を優先させるよう説得することぐらいです。でも、いったいどのように説得したらいいのでしょうか。それは、あなたのプロジェクトの方が、他のプロジェクトより緊急で重要であるという印象を与えることです。しかし、他のプロジェクト・マネージャーも同じことを考えていることを忘れてはいけません。そこで重要になるのが、プロジェクト・マネージャーとリソース・マネージャーの関係です。どのような関係にあるのか、また、どれだけの信頼関係が期待できるのかということです。

さて、今度は、あなたは会社のトップ・マネージャーだとしましょう。会社が行なっているプロジェクト全部を期限内に完了することが、あなたの責任です。しかし、プロジェクトが予定より遅れることがあることは、あなたも承知しています。ですから、あなたは定期的に進捗状況を報告させます。

しかし、プロジェクトの進捗具合を監視するために用いられている一般的な方法では、本当の問題は隠され、その結果、予定どおりに進んでいると報告されていたプロジェクトが、しばしば、突然遅れ出し、大きな問題に発展したりするのです。そうした場合、トップ・マネージャーとミドル・マネージャーはどんな関係であり、どれだけの信頼関係が期待できるでしょうか。

ＣＣＰＭのソリューションでは、タスクごとにセーフティータイムを用意する必要性がなくなる一方で、明確な優先順位と本当の進捗情報が提供されます。日本のように『和』を重んじる国において、従業員の間により一層の調和が生まれる環境へ大きく変化したとしても、驚くことではないのです。

日本では人間関係が非常に重んじられます。そうした考えも学んだことによって、私は、状況ごとの固有の調和を明らかにし、その調和に花を咲かせ、果実を実らせることの妨げとなっている対立を取り除くことが、人と人との間の調和を実現するための鍵になると気づかされたのです。そしてますます、そうした調和に対する私の感受性は高まっていったのです。

そうした感受性の高まりを経て、私はある結論を導き出しました。日本の読者からは、あまり賛同を得られそうもない結論です。調和を熱望すること、つまり日本を日本たらしめているそうした熱望が、逆説的に、熱望される調和が常に実現されるとは限らない最大の理由になっているのではないか、と私は強く思いはじめたのです。またそれが、外国人である私にとって、日本人を理解するのが非常に難しい最大の理由ではないかと思いはじめたのです。

調和を熱望することは、人との衝突を避ける気持ち、行動へとつながります。衝突を避けることは、確かにいいことかもしれません。しかし、存在する対立を解消することなく、人との衝突を避けてばかりいてはいけないのです。カーペットの下に隠しただけでは、対立はなくなりません。ますます大きくなるだけです。フラストレーションが募り、そのフラストレーションは、はけ口を求めます。時として、悲惨なはけ口を求めてしまうのです。

もし、こうした私の憶測がいくぶんでも正しいのであれば、本書は特に日本人にとって重要な一冊となるに違いありません。この本で最も重要なことは、どうしたら人と衝突することなく、また、存在する対立から目を逸らすこともなしに、適切に対処していく術を身につけるかということなのです。

エリヤフ・ゴールドラット

二〇〇八年八月

愛するエフラットへ

ある人は言うかもしれない
——「完璧主義者と仕事をするのは楽ではない」
——「ほとんど全ページを書き直さなければならないのは実にもどかしい」
——「一つの単語のことで、何時間も議論を交わすのはイライラする」
——「『それで十分』で満足してはいけないというのでは、頭がおかしくなる」

だが、私は違う

——自分の考えを正確に文章に書き表わせないのなら
なぜ　わざわざ本を書く必要があるだろうか
——自分の考えを人に納得してもらえないのなら
なぜ　わざわざ本を書く必要があるだろうか
——曖昧で誤って解釈されるような結論しか書けないのなら

なぜ　わざわざ本を書く必要があるだろうか
――人に簡単に読んでもらえるような本が書けないのなら
なぜ　わざわざ本を書く必要があるだろうか

しかしなにより、おまえとの対決は楽しかった

ありがとう

追伸　またもう一度　やってみようじゃないか

目次

本書について　ラリー・ガッド……iii
日本語版への序文　エリヤフ・ゴールドラット……vii
愛するエフラットへ……xvi
第1章　二つの選択肢……3
第2章　〈ゴールドラット・レポート〉あらためて、常識とは何か……23
第3章　なぜ、当たり前のことができないのか……45

第4章 ものごとは、そもそもシンプルである……57
第5章 矛盾と対立……73
第6章 信念を行動に……83
第7章 調和……91
第8章 〈ゴールドラット・レポート〉決して、わかったつもりになるな（Part1）……103
第9章 ウィン・ウィン……119

第10章 決して、わかったつもりになるな（Part2）〈ゴールドラット・レポート〉……133
第11章 機会はいくらでもある……147
第12章 販売期間の短い製品〈ゴールドラット・レポート〉……153
第13章 限界なき可能性……171
第14章 明晰な思考とトートロジー……187
第15章 コンフォートゾーン（Part1）〈ゴールドラット・レポート〉……209

第16章 人はもともと善良である……225
第17章 〈ゴールドラット・レポート〉コンフォートゾーン（Part2）……235
第18章 感情、直感、そしてロジック……251
付章 フリーダム・オブ・チョイス……259
解説 岸良裕司……281

The Choice
ザ・チョイス

複雑さに惑わされるな!

エリヤフ・ゴールドラット ▸著
岸良裕司 ▸監訳　三本木 亮 ▸訳

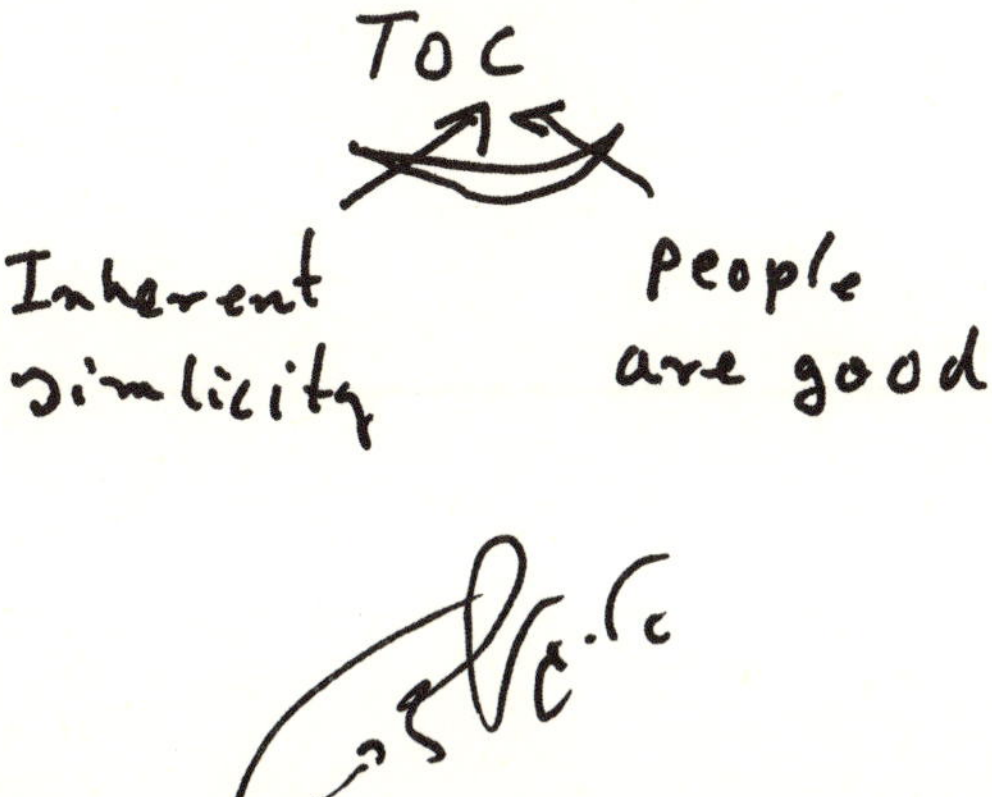

The Choice

第1章

二つの選択肢

私の名前は、エフラット。私の父、エリーの書いた論文やレポートを、たびたび彼の前で声に出して読まされる。私の反応やコメントを見たり聞いたりしていると、その論点の弱いところがよくわかるというのだ。

一度、「どうして、私なの?」と父に訊いたことがあった。

「おまえは他の人と違って、組織のことならすべて知っているとか、人間の行動のことなら何でもわかっているといった妙な過信をすることがないからだよ」

この言葉は、うれしかった。私は、組織心理学の博士号を取るために一生懸命勉強してきた。何年もかけて、人が知らないことを学んできた。これから読む、父のレポートのタイトルは『フリーダム・オブ・チョイス(選択の自由)』。私の好奇心がそそられるのも無理はない。

「父さんも、これまでいろんな選択をしてきたと思うけど、父さんの人生にいちばん大きく影響したのは、どんな選択だったの?」

父は、確固たる口調で答えた。「私は、充実した人生を送りたいと思っていた。その目的達成のためには、常に時間をかけて家族や友人、それから仕事など自分の関心事、それぞれを理解しよう、本当に深く理解しようと決めた。それがいちばん重要な決定だったかな」

父が「本当に深く理解する」という言い方をする時は、状況を支配する原因と結果の関係を理解するために長い時間を費やすことを意味している。それがわかっていたので、父の言葉を聞いて、私は思わず「簡単なことじゃないわね」とため息をついてしまった。

「誰が簡単だなんて言った？　おまえは、楽な人生が送りたいのかい」そう父が訊ねた。

父のその言葉は、これまでも何度となく聞かされてきた。「わかっている、わかっているわ。楽な人生を望むのなら、大きなハンマーで自分の頭を強く叩けばいいのよね。そしたら、食事だって誰かがベッドまで運んできてくれるもの」

そう、私だって楽な人生なんて望んでいない。私だって、有意義な人生を送りたい。

充実した人生を送りたいのだ。誰だってそうだろう。

しかし、そうは望んでいても、ほとんどの人はそれを叶えることができない。

「どうしてだ？　どうして、みんなは楽なだけの人生なんか送りたくないと認めないのだろう。そんなに難しいことなんだろうか」

「そりゃ、そうよ。みんな、人生は楽な方がいいと思っているわ。有意義で充実した人生を送るって、そんなに簡単なことじゃないもの」

私の返事に苛立ったような手振りをし、父が言った。「そんなことはない。有意義で充実した人生を手にする方法はいくらでもある。しかし、そのためにはちゃんと考えないといけない。科学者のように明晰に考えることが必要なんだ」

「つまり、天才に生まれ変わらないといけないってことね」私は、皮肉を込めて返した。

その言葉に、父はすぐに反応した。「いや、生まれ変わる必要などない。私だって、特別な頭脳を持って生まれてきたわけじゃない。子供の頃のＩＱを見ればすぐにわかるさ。要は訓練だ。訓練して、訓練して、そして訓練し続けてきただけだ。ボディビルダーと同じだよ。エフラット、おまえにだって他の人と同じように、科学者のように考えることのできる直感と頭脳は十分に備わっている。いったい、いつになったらそれに気づくのかな」

私にも備わっている？ そんなこと、私にはやすやすと納得できない。さらに父の確固たる口調には、それ以上に納得できないものがあった。「父さん、科学者のように考えることができたら、どんな充実した人生を送ることができるようになるっていうの」

私の質問に、父はニヤリとした。そして、はっきりとした答えをくれるのではなく、「レポートを読めば、自分で答えを推測できるんじゃないかな？ 一五分前におまえが読みはじめようと思っていた、あのレポートだよ」と、ソクラテスのように質問してくるのだった。

それに応じ、私はレポートを読みはじめた。

この数週間、父はあるプロジェクトに没頭していた。このレポートは、そのプロジェクトに関するものだ。すべては、偶然から始まった。時期をほぼ同じくして、二つの小売チェーンから父の理論を導入したいという申し出があったのだ。それから二週間もしないうちに、それはブラジル最大手の小売チェーン五社を巻き込んだ絶好の機会へと展開していった。しかし、本格的に取り組もうとした矢先、その機会は泡のごとく消えてしまったのだった。*

*同レポートは、付章に収録。

レポートを読み終えた私に、父は「さて、どうだったかな」と訊ねた。

「父さん、かなりがっかりしたんじゃない？」と私は答えた。

「がっかりした？」父は驚いたような口調だ。

「誰だって、自分が一生懸命頑張っていることがうまくいかなかったら、がっかりするものでしょ。大切なことであればあるほど、失望感も増して大きくなるわ。正しい選択をしたとしても、楽観的で前向きな人でも、あるいはどんなに強い人だって、失敗すればがっかりするものよ。父さんは失望感を抑え込んでいるかもしれないけど、だからといって失望感がないわけではないでしょう？」

父は、私の言葉に微笑んだ。「心理学者らしい議論だな。失望感を抑え込んでいるだけだとおまえは言うが、本当に失望感も何も感じないと言ったら信じてもらえるかな？」

私は、父の言葉を無視した。私の方が正しいことはわかっている。

そう考えていると、「別の角度から見てみよう」と父が言った。「おまえが科学者だったとしよう。そして、おまえは新しい発想に基づいた装置を作ろうとしている。もちろん、経験豊富な科学者だったら、まずは実験だ。最初に、プロトタイプを作る。さて、プロトタイプからは何が期待できるかな？」

私は、慎重に言葉を選んだ。「そうねえ、最初からうまく動いてくれるなんて期待するのは愚かね。どこが思ったとおり動いて、どこが動かないか、それを確かめるのがプロトタイプの役目よ」

「そのとおりだ。では、プロトタイプを作って、だいたいは思ったとおり動いたけど、一か所だけうまく動かなかったとしよう。いいかい、ここが重要だ。思ったとおり動かなかったのは、ほんの一か所だけ。だけど、どこか一か所でも動かなければ、装置全体としては失敗だ。うまく動かないか、まったく動かない。いいかい、エフラット。こんな時、このプロトタイプを作った科学者、つまりおまえはがっかりするかな？」

父が話をどこに持っていこうとしているのか、私にはだいたい見当がついた。「ええ、少しはね」と私は答えた。

「なるほど。では、うまく動かない部分をどうやって修正したらいいのかわかったとしたら、今度はどんな気分になるかな」

「きっと元気が出てくるわ」

私の父にとって、彼を取り巻く状況すべてが、学習する絶好の機会だ。新たな取り組みは、すべてが発見だ。私は、目を通したばかりの論文に、いま一度視線を落とした。父は自分の考えを構築しながら、同時に実験しているのだ。確かに、プロトタイプの喩えは的を射ている。

「では、ある装置を作るとして、そのプロトタイプを設計する科学者と、その装置を使うだけの人との違いは何かな?」父が質問した。

簡単な質問だ。自信を持って、私は答えた。「普通の人はたいてい、どうやってその装置が動くのか、その中身のことなんかよくわかっていないわ。彼らにとっては、ただの箱にしかすぎないの。だから、装置がうまく動かないと、がっかりするのよ。どうしてもその装置を使わなければならない時は、がっかりするだけでなく、イライラするわね」

私の答えに、父は頷いた。

「でも、科学者は違う」私は続けた。「どうやって装置が動くのか、それから箱の中身がどんな仕組みになっているかもわかっている。何がどうしたから、どう動くのか、その原因と結果、つまり因果関係をちゃんと理解しているわ。だから、もしそのプロトタイプが動かなくても、どの部分の因果関係が有効で、どこが有効でないかさえわかれば、うまくいかなかったことにがっかりはしても、理解が深まったことに対する満足感は得られるはずよ」

父は身を乗り出して言った。「プロトタイプや新しい試みがうまくいかない時、選択肢は二つある。一つは、結果に対して不平をブツブツもらすこと。もう一つは、何をどう修正しなければいけないのか、その結果から新たな知識を獲得することだ。要は、選択肢は二つあるっていうことなんだ。今度のレポートのタイトルを『フリーダム・オブ・チョイス』としたのは、だからなんだよ」

私は、すぐには父の言葉の意味を飲み込めなかった。しかしそれを待たずに、父は説明を続けた。「プロトタイプや装置の話は置いといて、私たちの身の回りの現実について考えてみよう。いま読んだレポートの中に書いてあることについてだよ。どうだい、それでも私はがっかりしていると思うかな」

「エフラット、父さんはがっかりしたと思うかい」父は、質問を繰り返した。

しばらく考えてから私は答えた。「そうね、父さんだったらがっかりしないわね。でも、他の人は違うと思うわ。みんなは、とてもがっかりしたんじゃないかしら」

「そのとおりだ」

「みんな、かなり気落ちして、父さんもみんなを励ますのが大変だったんじゃない？『フリーダム・オブ・チョイス』って言うけど、そりゃ父さんには簡単なことかもしれないけれど、普通の人はそうはいかないんじゃないかな。生産的な選択って、結構難しいことだもの」

間を置いて、父が訊ねた。「どうしてだい」

「どうして？　なんで、父さんには簡単で、普通の人には難しいかっていうことよ」

「なんで、父さんには簡単か、か」

私は、ためらいがちに答えた。「父さんは科学者よ。いつもそうよ。世界がどう動いているのかいつも考えているわ。何がどうなって、だからどうなるのか、いつも原因と結果の関係を考えているわ。どんなことでも、どんな状況でも、父さんにとってはすべてがその対象だもの」。今度は、多少自信を持って私は続けた。「父さんにとっては、すべてがプロトタイプのようなもの。他の人が失敗してがっかりしたり、苛立つような状況も、父さんにとっては全部エネルギーの源なのよ」

そう言いながら私は、自分で言ったことに驚いていた。なるほど、これは新しい発見だ。科学者は、ものの見方が普通の人と違う。それは結構役に立つ。しかし、実際に科学者は、いったいどんなふうにものごとを観察しているんだろうか。

まず、何でもわかっているなどと思ってはダメなのだろう。自分には知らないことがたくさんある、と謙虚でなければいけない。事実、うまくいくと思っているから、がっかりするのであって、最初からうまくいくはずなどないと思っていれば、ものごとがうまくいかなくても、がっかりしなくてすむ。

しかしその一方で、自信も必要だ。ものごとがうまくいかなくても、必ず何かいい解決策、ソリューションを見つけることができるという自信を持っていなければいけない。謙虚でありながら、自信も持て。あわせて『謙虚で尊大』とでも言おうか。

私は、父の顔を眺めながら言葉を続けた。「なるほど、だから科学者は根気強く続けられるのね。あのスタミナはそこから来ていたのね。はじめて気づいたわ」

「続けるだけじゃない。出だしも肝心だ。何か新しいことを始める、考える、その出だしにもスタミナは必要だ」そう父が付け足した。

「……そうかもね」

私の返事に父が反応した。そういう曖昧な返事は、父の好みではない。「二〇〇〇年前、セネカ（古代ローマの政治家、思想家、詩人）が言った言葉を知っているかな？『幸運は、準備と機会が巡り合った時に訪れる』と彼は言ったんだ。どう思う」

「状況を左右する原因と結果の関係を知っていることほど、確かな準備はないわね」ゆっくりとした口調で私は言った。

父の講義は続いた。「もし、何も準備ができていないとしたら、どうなる？　もし次々と機会が訪れたとしてもそれに気づかなければどうなる？」

これは簡単な質問だ。「準備ができていなければ、その機会をとらえることはできないわね。そういう人は、ある日、突然、幸運が訪れてくれるのを何もしないでただ待っているだけ。機会がまわりにいくらあっても気づかないし、そういう人に限って、自分は恵まれていない、環境のせいだとか、自分にはそんな力はないって言うのよね」

私のまわりにも、そういう人はたくさんいる。

しかし、そんなに簡単にまとめてしまっていいのだろうか。もう少し考えてみよう。

戸惑っている私を見ながら、父が言った。「不運はその逆だ。不運とは、現実と準備不足が巡り合った時に訪れる。しかし科学者のようなやり方で現実にアプローチすれば、必要な準備は用意することができる」

そして、父は「もし準備ができていなければ、どんな選択の自由があると思う？」と訊ねた。

なるほど、選択の自由とは、単にいくつかの選択肢の中から、よいものを選ぶことだけではなさそうだ。選択の自由とは、与えられた機会に気づいて、それを真の機会に変えることができる能力も関係があるということなのだろう。

そう考えていると、父が大きくため息をついて、私の思考を遮った。「しかしだ、残念ながら、どれだけ努力しても、私自身、まだまだ準備ができていないことがよくある」

私は、父に笑ってみせた。父にして、準備ができていない？　父ほど準備ができていれば、私だったらもう十分だ。それとも、父は何か他のことを言おうとしているのだろうか。私はそれを確かめようとした。「父さんはいつもまわりの現実を観察して、ロジカルマップ（論理マップ）を考えているわよね。それには、メリットが二つあると思うの。まずは、与えられた機会に気づきやすくなること。それも、自分にとってとっても重要な機会にね。いま、気づいたんだけど、これってとっても大事なことよね。そしてもう一つのメリットは、やっていることが最初からうまくいかなくても、やる気を失わなくてすむっていうこと。反対に、何が足りないのかがわかって、今度こそは、とますますエネルギーが湧いてきて、機会を成功につなげることができるわ。父さんは、何度も何度もそうしてきたじゃない」

そして、私は言葉を付け加えた。「父さんがうらやましいわ。なんで、父さんの天才的なところがちゃんと遺伝しなかったのかしらね」

「おいおい、またかい」父はため息をついた。「どんな人にだって、生まれながらにしてすばらしい頭脳が備わっている。しかし残念なことに、その頭脳を使うのを邪魔する障害がいくつかある。選択の自由っていうのには、もっと深い意味があって、それはこうした障害を克服する努力を惜しまないことを選択するということも意味するんだよ」

これには特に異論はない。その様子を確認して父は続けた。「どんな障害だかわかるかな？」

私だって、心理学者の端くれだ。心理的障壁なら、数え切れないほど挙げることができる。しかし、それを一つひとつ挙げても仕方がない。「何か、ヒントは？」と訊ねた。

「複雑に見えれば見えるほど、状況っていうのは、実はとてもシンプルなんだよ」これは、父がよく口にする言葉だ。

これは困った。私は心理学者なので、普段は人間の内面、つまり感情や何か抑制された側面はないか、そうした観点から状況を観察することに慣れている。だけど、父のアプローチは違う。むしろ外側からアプローチしろというのだ。人を取り巻く現実からアプローチしろというのだ。

考えてもわからない。無理して答えを出さず、私は父に訊ねた。「わからないわ。どんな障害なの?」

父はすぐには答えてくれない。ゆっくりとパイプに火を点け、ゆらゆらと灰色の煙が立ち上るのを確認してからゆっくりと口を開いた。「まず最初の障害は……実は、これがいちばん根深い障害なんだが……、それは、人がものごとを複雑に考えすぎるっていうことだ。現実は複雑だと信じ込んでいる。だから、複雑な説明やソリューションを求めたがる。これはとても厄介なことだ。わかるかな」

「なんとなく。でも、説明して」

「何か、いい喩えはないかな」天井を見上げながら、父が言った。「例えば、ドライバーが一本、ここにあるとしよう。とてもいいやつだ。それから、ここに板があって、ネジが取り付けられている。そのネジを抜き取らないといけない。ネジを外すには、ドライバーが必要だ。必要な道具はちゃんと用意されている。しかし、どういうわけか、板に取り付けられているのはネジではなく、釘だと思い込んでしまう。だとしたら、どうなるだろう。うまくネジを外すことはできるだろうか。取り外せるはずがない。道具がないからという言い訳は通じない。いいかい、人の頭脳には何の問題もない。問題は、現実をどう認識するかだ。そのとらえ方に大きな問題があるんだ。現実は驚くほどシンプルなのに、人はそれを極めて複雑なものとしてとらえてしまう。それが、いちばん大きな障害なんだ」

私の納得した表情を確認して、父は説明を続けた。「父さんが物理の研究をやめて、組織に携わるようになった時、一つ、とても驚いたことがあった。人の考え方だよ。ほとんどの人は、ものごとは複雑であればあるほど凄いことだと思い込んでいるんだ。これは、まったく馬鹿げている。そんなふうに考えていると、だんだん人は頭を使わなくなってしまう。いいかい、複雑なソリューションなんてうまくいくわけがない。だから、人は自分にはわからない、知らないと思い込んでしまう。自分を取り巻く環境がどうなっているのか理解するには、複雑な知識がさらに必要だと思い込んでしまうんだよ」

「そうね。私にも思い当たる例がいくつかあるわ」

「複雑な方が凄いなんて考えるのは、まったく間違っている」父の声には力がこもっていた。「科学者のように考えるための鍵は、もっと簡単に考えること。どんな状況でも、たとえどんなに複雑に見えたとしても、その中身は実は極めてシンプルなんだということを受け入れることが鍵になるんだ。おまえだって心理学者なんだから、人間同士のことだったら、もう十分に知識はあるだろうし……」

「さあ、それはどうかしら。わからないわ……。それに、ものごとはすべてシンプルっていうのも、どうかしら。人の人生って、そんなにシンプルだと思わないわ。父さんの意見には、誰も賛成しないんじゃないかしら」

「……どう言ったら、納得してもらえるかな」

複雑に見える現実も、実は極めてシンプルなんだという父の考えには、前から疑問を持っていた。この際だから、私は突っ込んだ質問をしてみようと思った。この機会を逃したら二度と訊くチャンスはないかもしれない。「じゃあ、何か例を使って説明してみて。私が納得できるような例をね」

「いいだろう。じゃあ、エフラット。いま、何か困っていることは？」

それは簡単すぎる。自分のことなら、私だって何かしらソリューションは見つけることができる、いつもとは限らないが……。「それはダメ。私のことを例にしても、それは他の人には関係のないことよ。いい例にはならないわ」私は異議を唱えた。「みんな、自分の問題は自分だけのこと、自分の問題ほど解決するのが難しい問題はないと思っているわ。だから、私の問題を例に使っても、他の人は納得させられないわ」

「そうか。だったらまずは、おまえだけでいい。まず、おまえから納得してもらおう。なかなか手強そうだな」微笑みながら父が言った。

「ダメよ、そんなの役に立たないわ。私の例なんか、いい例にならないわ」私は、繰り返し反論した。「人間同士が絡んだ問題はダメ。それだったら、私だってもともと十分知識があるし、父さんがどんなことを言っても、私の考えは変わらないもの。自分の問題は、もう十分検証済みだし、知識もたくさんあるわ」

「じゃあ、どんな例だったら満足してもらえるのかな？」父が不満げに訊ねた。「個人的な問題はすべてダメ。でも、何かいい例を使って説明しろ、誰か困っている人の状況を使って……。だったら、こういうのはどうだろう。人は誰も孤立した存在ではない。人が抱える問題や喜びはほとんど、他の人と関わり合うことで生まれてくる。これはどうかな。異論あるかな？」

これには、私も異論はない。父は続けた。「複雑な状況っていうのは、人がひとりじゃなくて、多くの人が絡んでくる場合に起きてくる。人はすべてそれぞれ性格も違う。利己心もあれば、先入観だってある。ただ、さまざまな人を相手にするだけならいい。難しいのは、そうした人たちが集まって一緒に何かを成し遂げないといけない時だ。つまり、組織だよ」

組織が、ひとりの人間より複雑だというのは納得できない。でも、特定の個人的問題を例にするよりは、組織を例に説明してくれた方がいい。

「組織？　どこかの実際の組織を例に使って説明してくれるの？　組織がどのように、そして、なぜそのように動くのか、理解するのは簡単なことだって説明してくれるわけね。でも、父さん言っていたわよね。明晰な思考は、機会を生み出すのにも役立つって。だったら、どこかの組織を使って、その活動を左右している原因と結果の関係を解読するだけじゃ、十分じゃないわね。父さんが考えたシンプルな論理マップとやらを使って、新しい機会がどうやって生み出されるのかも説明してもらわないと。大きければ、大きいほどいいわ」

父の言葉を待つことなく、私はたたみかけた。「それから、人間同士のことだったら、私にはもう十分に知識はあるって、父さん言ったわよね。人間関係の因果関係を理解する知識はもう十分あるって。どんな組織も人間関係が基盤になっているわよね。だったら、父さんの言っていることが正しいかどうか確認するには、私が知らないような組織、いままで関わり合ったことがないような組織を使ってもらわないといけないわ」

父は、私の挑戦にも澄ました表情だ。「ものすごく複雑な組織と仕事をしたことは？何十億ドルも売上げのあるような会社だよ」

「何十億ドル？　そんな金額、まったく見当もつかないわ」

「そうか、だったら衣料品メーカーはどうかな？　有名ブランドの内側がどうなっているか見たことはないんじゃないかな」

「ええ、ないわ」そう私が答えると、父はコンピュータに向かった。しばらくすると、「いま、ファイルをそっちに送った。売上高何十億ドル規模の大手アパレルメーカーについて書いたレポートだ。これだったらいい例だろう。こんなに大きくて複雑な企業でも、その活動を支配する原因と結果の関係はシンプルだ。驚くほどシンプルなんだよ。それを納得してもらおう」

「いいわ。でも、驚くほどシンプルじゃなかったら、困るな。きっと飽きてしまうわ」

そう言って、私は笑顔を見せた。

「いいだろう」父は笑った。「絶対に退屈なんかしない。自信がある。賭けてもいい。退屈どころか、きっと驚くぞ」

「わかったわ。じゃ、何を賭ける?」私は冗談めかした。

「そうだな、じゃあ、とても大きなもの」そう父は言った。「賞品は、新たな知識だ。ものごとの因果関係が常識以外のなにものでもないっていう知識だよ。この常識ってやつが、ものすごくパワフルなんだ」

「常識……?　父さんのことは、よくわかっているわ。きっと、誰も考えないような超常識的なことに違いないわね」私は微笑みながら、レポートに目を通しはじめた。

The Choice

第2章

＜ゴールドラット・レポート＞

あらためて、常識とは何か

2006年4月に、
ゴールドラット・グループに提出したレポート。
ただし、本書の目的に合わせて、
一般読者でも理解しやすいように若干の修正が加えられている。

数週間前のある日の午前中に、私（ゴールドラット）は、大手アパレルメーカーのミドル・マネージャー（部課長クラス）二〇人ほどを相手にミーティングを行なった。仮に、この会社の名前をビッグブランド社としておこう。

多くの人たちは、会社の成長度合いには限界があり、飛躍的な成長が可能なのは小さな会社、よくて中規模ぐらいの会社までだと思っている。年間売上高数十億ドル規模の大企業の純利益が、わずか数年で現在の年間売上高まで増えることなどあり得ない、非現実的だと思っているに違いない。だが、そんなことはないのだ。それを示すために、私はこのレポートを書くことにした。

ビッグブランド社は、非常に優良なアパレルメーカーで業界トップクラス、その名を耳にしたことのない人はほとんどいないだろう。その健全な財務状態を見れば、その評判のよさも頷ける。年間売上高数十億ドル、売上高利益率（売上げに対する利益の割合）約一〇パーセント。アパレル業界で売上高利益率一〇パーセントというのは、非常に優れている。

ビッグブランド社のマネージャーたちに、私は最初にこう質問した。「今後、この会社の利益をいったいどのくらいまで伸ばすことができると思いますか。例えば、あと五年でどこまで伸ばすことができると考えていますか」と。

その質問に、マネージャーたちから多くの意見が出された。ミーティングには、財務担当役員も出席していた。彼が意見を述べるまで、そのやり取りはしばらく続いた。彼の意見は、この先五年で、年間純利益は現在のほぼ倍の一〇億ドルにまで伸ばすことは可能だろうというものだった。五年で倍の一〇億ドルというのはかなり大きく出たものだ、達成するのはそう容易なことではないと誰もが思っていたに違いない。しかし会社としては、その数字を目標とし、必ず達成させるという決意を確認して、話はとりあえず決着した。

では、いかにして年間純利益一〇億ドルという目標を達成するのか、その方法を議論するというのが通常の進め方だろうが、私はそうはしなかった。私はここで、みんなにさらに別の質問を投げかけた。一〇億ドルではなく、四〇億ドルではどうだろうかと。五年で年間純利益四〇億ドルは達成可能な目標だと思うかどうか、みんなに質問したのだ。答えは、訊く前からわかっていた。そんな数字は、まったく非現実的だと誰もが口を揃えて答えたのだった。

本当にそうだろうか。本当に非現実的だろうか。

純利益の増加は、事業の拡大、あるいは既存の業務の改善、向上によって成し遂げることができる。確かに、すでに大規模な企業の事業を、わずか数年で少なくとも五倍以上に拡大することなど非現実的かもしれない。しかし、既存の業務改善はどうだろう。既存の業務のやり方を改善、向上させることで、純利益を増加させることはできないのだろうか。

もちろんビッグブランド社も、他の多くの企業同様、これまでにさまざまな業務改善努力を行なってきた。しかしその内容は、これまた他の多くの企業同様、コスト削減が中心だった。輸送コストを削減したり、仕入コストのもっと安いサプライヤーを探すなど、ほとんどがコスト削減にその努力は向けられてきた。それで年間数百万ドルのコストが削減できれば、大きく評価されてきた。もし何千万ドルも削減できれば、それこそ賞賛に値する努力と見なされてきたのだ。しかし、これでは純利益を何十億ドルも増やすことはできない。そんなこと、非現実的だと誰もが思うのも当然だ。

しかし、そんなことはない。潜在的な成長力はとてつもなく大きいはずだ。そのことを理解してもらおうと、私が最初に説明に使ったのは、品切れの問題だった。「店舗にはたくさんのＳＫＵ（在庫管理を行なう場合の最小単位）、つまりアイテムがありますが、平均して、そのうち何パーセントのSKUが品切れの状態になっていると思いますか」と私は質問した。

どこのアパレルブランドも同じだろうが、商品が品切れになるのは当たり前のことだ。誰もが仕方のないことだと思っている。しかし、それがいったいどれだけの影響を及ぼしているのか、その潜在的な影響についてははっきり認識していない。彼らも同じで、三〇パーセントぐらいだろうと大雑把に推測するだけだった。

「では、店舗で商品が品切れになっているために、いったいどれだけの潜在的な売上げが失われていると思いますか」そう私は質問を続けた。

「三〇パーセント以下だろう」というのが、彼らの答えだった。「お目当ての商品がなくても、多くの場合、客は別の商品を買うから」と言うのだ。

私は、異議を唱えた。確かに、代わりの商品を買ってくれる客もいるだろう。しかし、別の角度から考えてみると、品切れアイテムのパーセント以上に、売上げがロスしている可能性も考えられる。そう考える、きちんとした理由があるのだ。

「では、品切れしている商品とはいったい、どんな商品ですか」と、私は質問を続けた。

答えは簡単だ。すぐに返ってきた。需要が、予測をはるかに超えた商品が品切れになるのだ。

「つまり、品切れになった商品の需要は、他の商品の平均需要より大きいということですか?」

全員が頷いた。店舗に残っている商品の多くは、動きが遅いものが多い。それを考えれば、当然のことだ。

「つまり、品切れで生じる売上げ損失の影響というのは、単に品切れになっているアイテムのパーセントよりずっと大きいということになりませんか?」

なるほどと、誰もが私の説明に頷いている。潜在的な売上げ損失は三〇パーセントでなく、五〇パーセントだという者もかなりいた。しかし、そんなことでこちらは引き下がらない。「既存の売上げをもとに考えてみてください。既存の売上高をベースに考えてみると、品切れのために発生する売上げ損失は、現在の売上高に匹敵するのではないでしょうか。そうは考えられませんか」

私が示したその数字に、みな驚いた表情を見せた。しかし、私はそのまま続けた。今度は、倉庫を使って説明を続けた。ビッグブランド社の倉庫から在庫がなくなった商品は、店舗の商品リストからも削除されることになっている。つまり、倉庫における商品の在庫切れも、売上げ損失に関わっていることになる。その影響を考慮することも非常に重要だ。

ビッグブランド社の商品もそうだが、ファッション商品の多くは、その商品寿命は六か月ほどしかない。つまり、シーズンは年二回。つまり、アパレルメーカーは六か月ごとに新しいコレクションを市場に投入しなければいけない。そのために、アパレルメーカーはシーズン全体、つまり六か月分の商品を大量に一度に注文、購入する。私は質問を続けた。「新しいシーズンに切り替わって三週間後、商品倉庫に行ってみてください。もうすでに在庫がなくなっている商品はありませんか」

「あります」全員、異議なしの答えだ。

「どうしてですか？　シーズン初めには六か月分の在庫があったはずなのに、たった三週間で、どうして全部なくなってしまうのですか」

答えは、わかりきっていた。先ほどと同じだ。在庫がなくなるのは売れ筋商品で、需要が予測を大きく上回った商品なのだ。

「それで、どれだけの売上げ損失が発生したと思いますか」

そう質問をしてから、私はその考え方を示した。もし、あるアイテムが一か月で在庫が切れてしまったとしよう。すると、そのアイテムの残り五か月分の売上げは失われてしまったことになる。単純に考えると、売上げ損失は最初の一か月分の売上げの五倍程度になると考えられる（シーズン当初に需要が特に集中することはなく、最初の一か月の売上げは、純粋な市場需要を表わしたものである、と彼らも認めている）。

「最初の三週間、いや六週間、三か月で、在庫がなくなってしまうアイテムはどのくらいありますか」

この質問には、彼らもはっきりとした数字を答えることはできなかったが、最初の三か月で在庫がなくなるアイテムはかなり多いというのが、彼らの大雑把な推測だった。全アイテムの三分の一あったとしても驚かないというのだ。

すでに述べたように、倉庫で在庫切れとなったアイテムは店舗の商品リストから削除される。すなわち、店舗で品切れとなったアイテムだけでなく、倉庫で在庫切れとなったこれらのアイテムも合算して考えなければいけない。その売上げ損失が少なくとも実際に売れた量と同程度、それ以上になり得るであろうことは、誰でも容易に想像がつくところだった。

さて、それがいったいどのような経済的影響を及ぼすのか、品切れが会社の純利益にどれだけの影響を及ぼしているのか、全員で考えた。「もし品切れをすべてなくすことができたら、どのくらい純利益が増えると思いますか」そう私は質問した。

しばらく議論が交わされた後、彼らは次の結論に落ち着いた。もし店舗から品切れが一切なくなったとしたら、ビッグブランド社の売上げは増える。その売上げを支えるために多少のインフラの増強は必要になるが、大きな投資は必要としない。売上げが増加しても、業務費用が大きく増えることもない。唯一、売上げと比例して大きく増加するコストは、サプライヤーへ支払う商品代金だけだ。しかし、その代金も販売価格のわずか五分の一。つまり、販売増加で得られる売上高増加分の八割は、そのまま利益になるのだ。

その結果に、会議室はしばらく静まり返った。品切れを一掃するだけで、純利益が年間四〇億ドルを超えると考えられるのだから、驚くのも無理はない。

どうして、これまでこのことに気づかなかったのだろうか。

その原因は、おそらくアパレル業界特有の環境にある。アパレル業界は、商品寿命が六か月と非常に短い。何世代さかのぼっても、それは変わらない。それが、アパレル業界のカルチャーだ。この六か月というのは、商品の準備、供給に費やされる期間（一年半）よりもずっと短い。例えば、夏物コレクションの場合、生地の選択は前年の一月から二月には始まる。これは対応がとても難しい。ただし、これはいまではアパレル業界に限った問題ではない。電子機器メーカーなども同じように短い商品寿命、長いリードタイムという環境になりつつあり、大変な苦労を強いられている。

こうした問題をカモフラージュするために、アパレル業界ではある種の防衛機構が築かれてきた。例えば、シーズン初めに品切れとなってしまったアイテムがあったとしよう。この場合、多くの売上げ損失が発生する。これは会社にとって大きな痛手だ。しかし、これを業界では「売り切れ」などといったポジティブな呼び方をして、ごまかしているのだ。あたかもそれがすばらしいことであるかのように見なしているのだ。ビッグブランド社のマネージャーたちも、苦笑しながらその事実を認めている。

その逆も同じだ。商品には売れ残るものが必ずある。だが彼らは、これを「売れ残り商品」とか「陳腐アイテム」などと、ネガティブな呼び方はしない。そんな言葉は、この業界には存在しないのだ。

彼らはこれを「アウトレットセール」という、耳触りのいい言葉でごまかしている。価格も五パーセントや一〇パーセントといったわずかばかりの割引ではない。最低でも三割引き、七割引きもごく当たり前だ。これらの商品は、ブランドメーカーが小売店に売りつけることができず、在庫を抱えて困っている商品なのだ。

メーカー側だけではない。小売店にも売れ残り商品はある。しかし、ここでも「売れ残り商品」などという呼び方はしない。「シーズン最後のクリアランスセール（バーゲンセール）」などという耳触りのいい呼び方でごまかしているのだ。値段もやはり五パーセントや一〇パーセント程度の割引ではない。それに、このセールはシーズンが終わる少なくとも一か月くらい前から始まるのだ。

メーカー、小売店を合わせて考えてみると、システム全体で売れ残り商品は全生産アイテムのおそらく三〇パーセント程度、あるいはそれ以上になると考えられる。これは大変な量だ。

留意しなければいけないのは、これら二つの現象——「品切れ」と「売れ残り」が共存しているということだ。膨大な数のアイテムが品切れしている一方で、相当数のアイテムが同時に供給過剰状態にあるのだ。

「どうしてでしょうか？」と、私はみんなに問いかけた。

簡単なことだ。答えはすぐに返ってきた。アパレル業界の人間なら、誰でも知っている。どの商品をどれだけ生産するか、その判断はアパレル業界では、シーズンが始まるかなり以前に行なわれる。その段階で、どの商品がどれだけ売れるのか、彼らはその量を正確にわかっているのだろうか。もちろん、わかるはずもない。

予測が外れることはしょっちゅうだ。さすがに、これには集まったみんなも苦労しているらしい。不満をもらす容赦ない意見が次々と飛び交った。そもそもシーズンが始まる半年以上も前に予測を立てることができると考えること自体、馬鹿げたことだと嘲っている。そんな予測はまったくいい加減な推測でしかないと、誰もが思っている。半分のアイテムは品切れして、半分は売れ残るのも当然なことなのだ。

これは大問題だ。これを防ぐために、何かできることはあるのだろうか。

もちろん、できることはある。しかしそのためには、予測という幻想を捨て去らなければいけない。将来の売れ行きを予測できるなどと、安易に考えてはダメだ。そこで、まずは基本的な前提を変えなければいけない。どの商品がどれだけ売れるのか、その需要は予測できないということを前提にしなければいけない。その前提をもとに、どのように商品を生産すべきか考えなければいけないのだ。

その方法について、私たちは論議を始めた。まず考えたのは、どの商品がよく売れて、どの商品があまり売れないのか、その正確な情報はいったいどの段階で収集できるかということだ。

彼らによると、シーズンが始まって二週間ぐらいでその情報は収集できるが、それでは遅すぎるというのだ。

遅すぎる？　本当にそうだろうか。もしサプライチェーンが、従来に比べてはるかに迅速に対応できるとしたらどうだろうか。

「しかし、サプライヤーに発注して商品を生産するには、二か月はかかります」と、彼らは異議を唱えた。

「どうしてですか。実際に靴一足、服一着を作るのにかかる時間は、三〇分以下でしょう。それなのに、どうして二か月ものリードタイムが必要なのでしょうか」と私は切り返した。

「一シーズン分まとめて、大量に注文しないといけないからです」と、決まり悪そうに彼らは答えた。

「なるほど。では、もっと少しずつ、回数を増やして発注したらどうでしょう。価格は上がりますか？」

「いえ。発注量が合計して変わらないか、多ければ価格は変わらないと思います。

しかし、商品の輸送時間はどうなりますか。私どもの商品のほとんどは、アジアで生産しているんですよ」

「飛行機を使えばいいじゃないですか」と、私は澄まして答えた。

こうしたやり取りの後、ほどなくして新しい業務フローの基本的な形が見えてきた。

まずシーズン当初は、一か月分の在庫でスタートする。そして最初の二、三週間でどの商品の売れ行きがよく、どの商品の売れ行きが悪いのかを正確に把握する。そして実際の販売量をもとに、商品の在庫を補充していく。もちろん、それにはサプライヤーとの交渉が必要だ。従来とは異なり、一度の発注量は少なくなる。しかし、相手にこれまで以上の生産能力を求めるわけではないので、それも大きな問題にはならないはずだ。

売れ行きのいいアイテムについては、まず当面の必要量を空輸し、残りを並行して船便で運ぶ。おそらく空輸になるのは、出荷量全体の二割以下になると予測される。もちろん空輸すれば、船で運ぶよりもコストが高くつく。しかし商品の販売価格に比べれば、その金額は微々たるものだ。

これは、ビッグブランド社にとっては会社全体に関わる大きな変革である。しかし、それは理に適ったものであり、実行可能なものだ。それができれば、商品の品切れは、現在に比べれば格段に少なくなり、売れ残りもほとんどなくすことができるのだ。

これで、新しい業務フローの大枠はできあがった。これには一同満足した様子だった。もしこのフローをしっかり遂行できれば、それだけでも年間純利益四〇億ドルはおそらく到達可能だろう。

しかし、これはまだまだ序の口にすぎない。まだスタート地点に立ったばかりだ。

「では、次です。もう一つ別の考え方を紹介しましょう。『最終消費者が商品を購入するまで、サプライチェーンに関わる者は誰ひとりとして販売したことにはならない』。これはどうですか？　みなさん、同意してくれますか」と、私は訊ねた。

意外なことに、全員異論はないようだ。私はさらに説明を続けた。通常は、商品を小売店に納品した段階で、会計上はビッグブランド社の売上げとして計上される。しかしその段階では、まだ商品は小売店の在庫として残っている。要は、この商品が最終消費者によって購入されるまでは、ビッグブランド社も自分たちの仕事が完了したと考えるべきではないのだ。

しかし、小売店にいったん商品を納品したら、いったいビッグブランド社に何ができるだろうか。その答えを出すために、私たちは、まず小売店の活動について考察してみた。

小売店は、ビッグブランド社の商品をできるだけいい条件、つまり安く仕入れようと大量に購入する。実は小売店もこの時、ビッグブランド社と同様、かなり先の需要を予測して仕入れを行なっている。その結果、仕入れた商品の中には売れ行きの悪いアイテムも発生する。全アイテムの三分の一程度が、そうした売れ行きの悪い商品だとしても、さして驚くことではない。そこで私は、もう一つ別の質問をしてみた。「小売店では、ディスプレイされていない商品は売れないというのはどうですか?　同意していただけますか」

もちろん、これに異議を唱える者など一人もいない。業界のモットーのようなものだからだ。そのような環境で小売店がどのような行動を取るのか、私たちは、その一連の原因と結果について考察を続けた。

まず、小売店は抱えている商品在庫の中に、動きの悪い商品が多くあることに気がつく。そして何らかの対策を講じなければ、シーズン最後に損を出して処分しなければならなくなることに気づく。そうした場合、小売店はどのような行動に出るだろうか。こうした商品は、売れ残らないように、分不相応にもよいスペースに展示されることになる。しかし、そのディスプレイに見合った売れ行きには達していない。つまり、本来もっと売れる商品のために使えるはずのディスプレイスペースや、店員の販売努力を無駄に占有していることになるのだ。これで、どれだけの売上げ損失が発生するだろうか。誰もはっきりとした金額はわからないが、相当な金額になるであろうことについては、みな同じ意見だった。

「では、売れ残った商品を小売店から引き取って、全額返金するというのはどうでしょう」そう私は提案してみた。

さすがにこれには、一斉に猛反発した。その勢いに、私は一歩後ずさりしたほどだ。

みんなが静まるのを待って、私はもう一つ別の質問をした。今度は、言葉を慎重に選んだ。「ビッグブランド社の倉庫から在庫切れのアイテムがなくなって、常にすべての商品が用意されているとしたらどうでしょう。小売店に対して、通常の注文なら二日で納品できると約束することはできますか?」

ビッグブランド社の倉庫は、ほとんどすべての小売店に対して二日で商品を納品できる距離に位置しているので、そうしたサービスが可能であることはみなすぐに認めた。多少、輸送費が増えることになるが、大きな影響はない。

もし本当に小売店から注文を受けて二日以内に商品を納品し、また小売店への販売価格も個々の注文サイズではなく、ビッグブランド社商品の販売総額をもとに決めるとするなら、小売店は大量の在庫を抱える必要はなくなる。毎日、その日に売れた分だけ商品を発注すればいいからである。こうした条件の下なら、小売店が抱える商品在庫は、店内のディスプレイ用と二日先までの販売数量分だけですむことになる。今日、小売店が抱える在庫と比べ、その量は激減することは間違いない。

そう説明してから、私は再度訊ねた。「先ほどの質問ですが、小売店に毎日発注してもらい、売れ残った商品は返品してもらい、全額返金するというのはどうでしょうか」

みんなの反応は、先ほどよりは穏やかだ。しばらくまた議論が交わされた後、返品の量は多くはならない、返品された商品を処理するアウトレットはすでに用意されている、という結論に達した。ここまで来れば、一安心。続けてこちらの話に耳を傾けてくれる。

話をまとめてみよう。まず、店内のディスプレイスペースと店員の販売努力は売れ筋の商品に振り向けてもらう。そして売れ行きの悪い商品は全部引き取り、全額返金する。そうすることで小売店に対して、こちらが望む行動を取ってもらうことができるようになる。適切なディスプレイ、そして店員の販売努力は売上げ増加にとって非常に重要だ。そう信じる限り、売上げは必ずや伸びると考えてよいのだ。

では、いったいどの程度、売上げは増えるのだろうか。みんなからは、さまざまな意見が出された。

ここでみんなの意見をまとめて数字を絞り込むことはせず、私は、それ以外にももっとできることがあることを説明した。ここまでのソリューションで、ビッグブランド社にはそれまで手にすることができなかった極めて重要な情報が手に入ってくることになるのだ。毎日、どのアイテムがどの店舗で販売されたのかわかるのだ。この情報を積極的に活用しない手はない。「この商品は、あなたの店ではあまり動いていませんから、返品してください」、「あの商品は、あなたの地域でよく売れているので、代わりにその在庫をもっと増やしてください」などと、小売店に対して積極的な提案をすることができるようになるのだ。そうすることで、小売店のディスプレイスペースにおける売れ筋商品の割合を増やすことができる。これも売上げの増加につながると考えられる。いったい、これでどれだけ売上げが増えるだろうか。それは誰にもわからない。しかし、これも相当なものであることは誰も異論がない。

さて、これでクライマックスの下準備はすべて用意できた。本題はこれからだ。

小売店は、顧客の集客には最新コレクションが非常に重要であることを熟知している。小売店がビッグブランド社に対して、年二シーズンではなく四シーズン、コレクションを入れ替えるよう求めてくるのもそのためだ。彼らによると、そのための労力とコストは相当なものだ。しかし、それでもビッグブランド社はいまや真剣にこれを検討しようとしている。それはコレクションの回数を増やすことで、売上高が大きく増加すると彼らが考えているからだ。そうでなければ、そんなこと真剣に考えるはずもない。

しかし、そのためにビッグブランド社にはどれだけの労力が求められるのだろうか。コレクションを年四回に増やすために、本当に大きな労力が必要なのだろうか。

ビッグブランド社は、一シーズンに何種類の商品をデザイン、生産し、在庫として抱えているのだろうか。その数にはまったく驚かされてしまう。なんと一シーズン八万種類だ。しかし、これにはサイズは考慮されていない。同じアイテムでもサイズが異なればSKUも異なる。つまり、SKUの数はこれよりはるかに多くなるのだ。ある程度大きな数字は予測していたが、まさかこれほどとは予測もしていなかった。

「どうして、そんなに多いのですか」と、私はその理由を訊ねた。彼らの説明によると、小売業者は、それぞれ好みが異なり、市場予測も異なる。そうした小売業者を多く取り込むには、必然的に取り扱うアイテムの種類も多くならざるを得ないというのだ。

「では、一店舗あたりではどうでしょう。たとえば、大型店一店舗あたりでは何種類ぐらいのアイテムが置いてありますか」

「ビッグブランド社の商品だけだったら、二〇〇〇種類はいかないと思います」

八万種類と、二〇〇〇種類――ずいぶんと大きな開きがある。ここからも、ある結論を引き出すことができる。一つの店舗で顧客が目にすることができる商品は、ビッグブランド社が作っているアイテムのほんの一部分にしかすぎないということだ。しかし小売店に対し毎日、必要な商品を補充し、売れ行きの悪い商品を引き取ることをよしとすれば、各店舗には毎月、最新のコレクションを並べることができる。しかも、そのためにわざわざアイテムの数を特に増やすこともない。まさに彼らにとっては、革新的とも言えるソリューションだ。

そして、ミーティングは、先ほどの財務担当役員の「年間純利益四〇億ドルは、控えめな目標かもしれない」という言葉で締めくくられた。

The Choice

第3章

なぜ、当たり前のことができないのか

夜九時、子供たちはようやく眠りに就いた。私はビッグブランド社のことを頭に思い浮かべながら、レポートをもう一度ゆっくりと読み直した。一シーズンに、八万種類ものアイテムをデザインし、注文、輸送、保管、そして販売している。それは、私の想像をはるかに超える規模と複雑さだった。

父は、私にも分析できるだけの情報はすべて揃っていると言っていたが、はたして本当だろうか。

最初、父が分析に使ったのは、商品の品切れだ。商品が切れることで、どれだけ売上げ損失が発生するか、父は示してくれた。そんなこと、このレポートを読むまでまったく気づかなかった。

いや、本当は直感的にはわかっていたはずだ。私自身、服を買いに行き、気に入ったドレスを見つけても、好みの色やサイズがないことはよくある。それをわざわざ在庫不足などと考えたりはしない。実際に、四回に一回くらいは、がっかりしているのではないだろうか。

もちろん、夏にブティックに行っても、冬物は売っていない。昨シーズンのデザインのものは、昨日の新聞みたいなものだ。

初めてわかったこともあった。ブランド企業がサプライヤーに支払う価格は、小売店への卸価格のわずか五分の一だということだ。私にとって、まったく新しい知識だった。いや、考えてみれば、ブランド側のマージンが大きいことはなんとなくわかっていた。生地一枚の値段と、有名ブランドのタグが付いたドレスの値段とはかなりの開きがある。アウトレットショップや期末のクリアランスセールでは、値段はかなり安くなる。私のクローゼットが服でいっぱいになるのは、そのせいだ。

なるほど、確かに私には十分な情報が揃っている。では、これらを関連づける原因と結果のロジックはどうだろうか。これらの因果関係から、ビッグブランド社に大きな利益拡大の潜在性があることはわかった。確かに父の言うとおり、この因果関係のロジックは常識以外のなにものでもない。私にも十分理解できたし、誰にでも理解できるはずだ。よくよく考えてみると、何も難しいことはない、当たり前のことなのだ。

私は、父に何かいい例を挙げて説明してほしいと頼んだ。人間同士の活動が絡んだ複雑な環境が、実は非常にシンプルで常識的なロジックによって成り立っていることを示す例、私のように複雑な企業組織についてまったく知識のない人間にも、その分析に必要な情報、事実はすべて揃っていることを示す例、そしてこのロジックを理解することで新たな機会が生み出されることを示す何かいい例を、だ。そして、父はその例を示してくれた。だけど、それでいったい何がわかったのだろう。私は、頭が混乱してきた。

確かに、父が示してくれた因果関係の分析は極めて常識的なものだった。確かに、必要な情報、事実はすべて私も知識としてすでに持っていた。しかし同時に、自分ひとりではそんな分析はとうてい考え及ばなかったことも確かだ。

いったい、父はどうやってこんなに凄い分析を思いついたのだろう。普通の人だったら、誰か他の人が詳しく説明でもしてくれない限り、こんなことは思いつきもしない。どうして、父にはそんな能力があるのだろう。結局のところ、やはり並外れた明晰な頭脳を持っていなければ無理なのだ、と私は思う。

ということは、並外れた頭脳を持っていない限り、充実した人生を送ることは無理だということだろうか。人は、誰もが充実した人生を送りたいと思っている。しかし私を含め、その願望は、父が求めるほど高いレベルのものではないのかもしれない。まして大企業のパフォーマンスを飛躍的に伸ばす方法を見極めることができるほど、高いレベルではないはずだ。

しかし、よくよく考えてみると、人は、望ましくない状況に直面し、自分ではどうすることもできないと感じる時、閉塞感を味わう。そうした状況で成功するには、何らかのブレークスルーが必要だ。父のレポートにあるような劇的なものではないにしても、何らかのブレークスルーが必要なことは間違いない。本当に有意義な機会とは、閉じ込められた状況の中で、どうすればその障害を克服できるのか、そのことに気づいた時に訪れるのではないだろうか。言い換えれば、ブレークスルーを見出した時だ。

つまり、人は障害を克服する方法を見つけた時、何らかのブレークスルーを考えついた時に、有意義な機会に巡り合えるのだ。もしかすると、私にもそのための頭脳はもう十分に備わっているのかもしれない。ただ、それを効果的に使っていないだけなのかもしれない。効果的に使うことができないのは、父の言うように、私も複雑な説明、ソリューションを求めているからかもしれないのだ。私は、そう考えてみることにした。しかし、簡単に、シンプルに考えろと自分自身に言い聞かせたとしても、そう簡単にできることではない。きっと、明晰に思考する科学者のように考えることを妨げる何らかの心理的障壁が、私たちにはあるのだ。

それを克服するには、やはり父の助けが必要だ。どうすれば克服できるのか、その方法を父に教えてもらわないといけない。父は、心理的障壁という観点からものごとを考えてはいない。外部的障害という観点から見ている。おそらく父には、その方法がわかっているはずだ。しかしそうだとしても、その方法で、どうやって自分の心理的障壁を克服できるかどうか確認できるのだろうか。

まずは、心理的障壁がどのようなものか、はっきりと理解していなければいけない。しかし、どうすればわかるのか。

自分を例に考えてみよう。私は、再び父のレポートに目を通した。どうして父が示してくれたソリューション、ブレークスルーを自分で見つけることができなかったのか、何が妨げになっていたのかを考えながら読み進めた。

父が、まず手をつけたのは何だっただろうか。人は、いや組織もそうだが、多くの問題を抱えている。父は数ある問題の中から、ビッグブランド社にとって何が本当に重要なことなのかを選び出した。それが、品切れと売れ残りだった。商品が不足したり売れ残ることが、どれだけ大きな利益損失につながるのか、父はみんなに示した。ひとたび、それがどれだけ重要なことなのかわかると、他のことがどれも取るに足らないことのように見えてきた。

しかし、それまでそのことに気づく者は誰もいなかった。どうして気づかなかったのか、父のその説明の仕方もなかなかだった。私だって心理学者だ。慢性的な問題を抱えている人が、自然と防衛メカニズムを自分の中で築いてしまうことはわかっている。問題を解決することを諦めて、そのまま抑え込んでしまおうとするのだ。

こういう人たちは、人生に対する期待感が低くなってしまう傾向があることもわかっている。本当に重要な問題からは目を背け、それほど重要でない事柄にエネルギーを注ぐことになるからだ。だから努力の割に、なかなか思うように好転しない。人生に対する期待感が低くなるのも当然だ。

これは、個人に限ったことではない。グループや集団、あるいは会社といった組織でも同じだ。ビッグブランド社のマネージャーたちも会社をよくしようと努力はしている。しかし、すでに用意されている豊富な資源や頭脳を活用して品切れや売れ残りを減らす努力をする代わりに、より目につきやすいコスト削減にばかり労力を費やすのだ。

もちろん、コスト削減もそれなりの効果はある。しかし、父がよく言うように、1セント+1セント+1セント+1セント+1セント+1セント+1セント+1セント+1セントは、9セント。1ドルにはならない。企業の期待感が低くなるのも当然なのだ。小さな業務改善をいくら積み重ねても、利益が飛躍的に増加することなどまったく期待できないのだ。

なるほど。これで私が抱えている最初の心理的障壁がわかった。気づかないでいるのだ。私も、慢性的な問題、みんながカモフラージュしている問題に気づかないでいるのだ。父は、明晰な思考を妨げる障害は、現実に対する歪曲された認識だと言う。しかし、その認識の仕方がどう変われば、私の心理的障壁が取り去られるというのだろうか。だからこそ、まずは父が示している現実に対する認識の仕方が、本当に役に立つのかどうかを慎重に検証してみなければいけない。

私たちは、問題をいくつも抱えている。仮に、その中から本当に重要な問題だけを選び出すことができたとしよう。そして、どうでもいいような小さな問題は放っておく。もしそれができれば、ソリューションを自分だけで考えつくことができるかもしれない。本当にそうだろうか。

いや、やっぱり、それは無理だ。私はレポートを読み続けた。

父は、品切れと売れ残りという二つの問題に、みんなの注意を集中させた。すると、根本的な問題がはっきりと見えてきた。根本的な問題は、予測だ。どれだけ需要があるのか前もって予測するのだが、その予測がまったく当てにならない。

さて、ここから先、もし自分ひとりで分析を続けたとしたら、私は、いったいどの方向に進めていただろうか。

おそらく、自分だけで考えていたとしたら、需要予測の精度をどうすれば高めることができるか、その方法を考えていただろう。

　予測なんかするな、とは決して考えていなかっただろう。考えれば考えるほど、そう考えていたに違いないと思う。一つひとつのアイテムの将来の需要などわからない、もしそれを前提とするなら、これまでのやり方をどう変えなければいけないのか、などとは決して考えていなかったに違いない。

　もしかすると、予測などしないほうがいいかもしれないと、そんな考えも少しは脳裏をよぎったかもしれないが、たとえそんな考えが浮かんだとしても、そんなことは絶対に無理だろうとすぐに決めつけていたに違いない。

　次の障壁はそれだ。それが、私の二番目の障壁だ。しかし、父は違う。どうして、そういとも簡単に、彼はそういう考え方ができるのだろうか。そしてすべての障害が取り除かれるまで、その考えを曲げずにいられるのだろうか。

　並外れた頭脳のせいだろうか。いや、そうとは思わない。間違ったことを間違っている、間違っているものは使わない方がいいと言うのに、並外れた頭脳は要らない。しかし、その間違いがすべてのベースになっているとしたらどうだろう。それを変えるには、相当の勇気が要る。数多くある障害を考えれば、勇気だけでなく決意も必要だ。父は、現実が複雑だという考え方さえ捨て去ることができれば、私でもその能力を身につけることができると言う。しかし、現実に対する見方が変わったからといって、いったいどうやってそんな勇気と決意が身につくのだろうか。想像もつかない。どうやら、次はそれを確かめないといけなさそうだ。

ここまでは、なかなかの出来だ。私は、さらに父のレポートの分析を続けた。

私が驚いたのは、父の貪欲さだった。最初は、年間純利益四〇億ドルなど絶対に無理だと誰もが思っていた。しかし父は、どうすればそれが可能か、そのソリューションをものの見事にみんなに示した。それだけでも凄いことだ。普通だったら、それで満足するところだろうが、父はそこでやめなかった。

他にも、利益をさらに増やす方法があることを示したのだ。

やはり、私には父の真似はできない。あんな芸当ができるのは父以外、他に誰もいないだろう。絶対無理だとみんなが思っていることを成し遂げても、それで満足せず、さらにその上を目指す。そんな人は、そう多くはいないだろう。いったい、そのモチベーションはどこからやって来るのだろうか。これが三つ目の障壁かもしれない。これは、単に勇気とか決意といった言葉で表わすことができるような能力ではない。正直、どう表現していいのか、適当な言葉すら思い浮かばない。

もしかすると、父の現実に対する認識の仕方をもってすれば、普通の人でも同じようなことをやってみようという気にすることができるのかもしれない。だとしたら、それは極めて効果的な方法に違いないのだ。

今日は、これぐらいでいいだろう。もう準備オーケーだ。明日、父に会うのが楽しみだ。父さん、今度はそう簡単にはいかないわよ。

明日が待ちきれない。

The Choice

第4章

ものごとは、
そもそもシンプルである

書斎で、父が笑顔で迎えてくれた。運んでいった温かいコーヒーがうれしかったのだろう。

「ありがとう、エフラット」。私は、父にカップを渡した。

「子供たちは？」

「あと二時間くらいで、アミールも来るわ。父さんと一緒にヒーローズで遊ぶって言っていたわよ」。すると、父の顔がほころんだ。「さっそくだけど、始めてもいいかしら」

私は、いきなり本題に入った。「どうすれば、明晰に考えることができるの？」

「エフラット、もう答えはわかっているはずだ」そう言うと、父は視線をコーヒーに落とした。

「父さん！」

父は回転椅子に腰を下ろすと、ゆったりと背をもたれて、私の顔をまっすぐに見て微笑んだ。

「今日は、朝から気合が入っているな」

私が顔をしかめると、父は質問に答えてくれた。「明晰な思考をするためには、シンプルに考えることが必要だ。ものごとは、そもそもシンプル、単純だという考え方を受け入れることが大切なんだ。単なる概念としてではなく、自分を取り巻く現実を観察する時の実用的な方法として受け入れないとダメなんだ」

この言葉は、以前からよく父に聞かされていた。これが父の考え方のベースになっているいることはわかっていた。しかし正直言って、どういう意味なのか、私にはよくわからない。


「父さん、私も父さんのやり方を、すべてじゃないけど、これまで二〇年近く使わせてもらってきたわ。その知識体系を作るのに、私もそれなりに少しは貢献してきたんじゃないかと、自分でも思っているくらいよ。だけど昨日、父さんの話を聞くまで、父さんから教わってきたことはどれも、単に優れた手法ぐらいにしか思っていなかったわ。充実した人生を手に入れるための方法だなんて、考えもしなかったわ」

「そうか？　昨日の説明は、そんなに特別だったのか」

「それまでは、単なる手法の話だと思っていたけど、昨日は人生にどうアプローチするのか、そういう話だったじゃない。ああいう考え方は初めてだったわ」

「……なるほど。だけど正直言って、たいした差はないと思うんだが」少し間を置いて、父が答えた。

時々、私は、父が何を考えているのかわからなくなる。異論を唱える代わりに、私は

「父さんの考え方をきちんと理解したいの。意地の悪い質問もするかもしれないけれど、もう少し詳しく説明してくれないかしら。ものごとはシンプルであるというのが、いったいどういう意味なのか、もっとちゃんと聞きたいのよ」と父に訴えた。

「意地の悪い質問は、大歓迎だ。意地が悪ければ悪いほど、こちらもより多くのことを学ばせてもらえる」ニヤリとしながら、父は説明を始めた。「『ものごとは、そもそもシンプルである』というのは、まあ簡単に言えば、近代科学すべての基本だな。ニュートンも『自然は極めてシンプルで、自らと調和している』と言っている」

「極めてシンプル？　どういう意味かしら」

「私たちを取り巻く現実はたいてい、人の目には複雑に見える」

「そうね」

「例えば、世界中のあらゆる物体の動きを考えてごらん。衝突や爆発なんかもだ。それ以上に複雑なものって、何かあるかな。ものすごく複雑に見えるじゃないか」

「人間の行動」と私は言いたいところだったが、また父の説明の邪魔はしたくなかった。そのまま黙って、父の説明に耳を傾けた。

「確かに複雑に見える。いや見えた。しかしニュートンが三つの法則を見つけて、変わった。いいかい、ニュートンは三つの法則を発明したんじゃない。発見したんだ。もともともとあったシンプルさを明らかにしただけなんだ。それまで、おそらく人は『なぜ』などとは考えなかったんだろうな。そんなことを真剣に考えたのは、おそらくニュートンが最初の人だったんじゃないだろうか。『なぜ』『どうして』と真剣に考えて、答えになっていない答えには、満足しなかったんだ」

「答えになっていない答え？」

「ニュートンが現われる前、一五〇〇年にわたって、プトレマイオスのような科学者や彼の先生、弟子たちは、惑星は円を描いて動いていると言っていた。『なぜ？』……それは、円が神聖な形だからというんだ。しかし、どうして円が神聖な形だとわかるのかな。それは惑星さえ、円を描いて動いているからだ。こんな具合だったんだよ。

あるいは、どうして物体は落下するのか。それが物体の性質だから、物体は落ちるものだから、そうアリストテレスは説明していたんだ。でも、二〇〇〇年近くもの間、人々はその説明を当然のこととして受け入れて、疑問さえ抱かなかった。だが、それは違うと思う。いいかな、『なぜ』『どうして』と質問して、本当に意味のある答えを求めることはとても大切だ。それが鍵になるんだよ。子供はみんな、ニュートンと同じだ。どうして、どうしてとすぐに訊きたがる。答えが気に入らないと、いつまでもしつこく訊ねてくる。『お母さんに訊きなさい』とか『神様がそうしたから』では通用しない。アミールもそうだったじゃないか」

「わからないことがあったら、『どうして』って訊くことが大切なのはわかるわ。でも、それが『自然は極めてシンプル』というのと、どう関係があるの?」

「いい質問だ。ニュートンの言葉は、実はとても奥深いものなんだ。私たちは、ある事柄について、その存在の理由を求める時、たいていは一つだけでなく、二つ、三つと複数の答えを見つける。あるいは、複数の要素を含んだ答えを見つける。しかし、もし五歳の子供のように質問を続けていったら、どうなるだろう。どうして、どうしてと、答えのそのまた理由を求める。そんなふうに質問をどんどん続けていったら、疑問はますます増えていく。つまり、『なぜ』『どうして』を繰り返すと、ものごとはどんどん複雑になっていく……そう直感的に、人は思うんだよ」

父は説明を続けた。「しかし、ニュートンが言っているのは、その反対だ。ものごとは収束していくと言うんだ。深く掘り下げれば掘り下げるほど、共通の原因が現われてくる。十分深く掘り下げると、根底にはすべてに共通した少数の原因、根本的な原因しか存在していない。原因と結果の関係を通して、これらの根本的な原因がシステム全体を支配しているというんだ。つまり『どうして』『なぜ』を繰り返すことは、ものごとを複雑にするどころか、逆にすばらしくシンプルにしてくれると彼は言っているんだよ。

この自然界の事象はすべて収束する……、その直感と確信がニュートンにはあったんだ。彼が研究していた分野だけじゃない。自然界のあらゆる分野もそうだという直感と確信が、彼にはあったんだ。いいかい、現実というものは、すばらしいまでのシンプルさの上に成り立っているんだよ」

「ちょっと待って。いま、父さんは『現実は』って言ったわよね。それって、ニュートンの『自然』とは別じゃないの？」

「なかなか鋭いな。よく気がついた。『自然』という言葉を『現実』という言葉に置き換えたんだ」。父は、私の指摘に満足な様子だ。「私が話をしているのは、自然界の話だけじゃない。原子や電子、分子、酵素といった物質世界の話だけじゃないんだ。私が話しているのは、この現実世界のすべてのことについてなんだよ。人はもちろんのこと、人が作り出すものすべてを含んでいる。ものごとは収束する、ものごとはシンプルだと言ったが、これは、この現実世界のすべてに当てはまることなんだ。現実というのは、すばらしいまでのシンプルさの上に成り立っているんだよ」

私には納得できなかった。「科学や物理といったハードサイエンスの世界では、ニュートンの考え方は通用するかもしれないけど、社会科学の世界は違うわ。現実がシンプルだなんて言う心理学者がいたら、お会いしたいものだわ。父さん、人はみんな違うのよ。みんな選択の自由があるの」

私の言葉に、父はため息をついた。「ハードサイエンスの世界と違って、人は予想不可能だ、人は因果関係には制約されないと言う人は多い。何度も聞いてきたよ」

意見をはさもうとする私を制しながら、父は続けた。

「しかし、それはまったくの間違いだ。そうだな、例えば、母さんの新車のことを私がどう思っているか、正直な気持ちを母さんに伝えたとしたら、どうなると思う？　私にはちゃんと予想できる。人は予想不可能だって？　そんなことはない！」。そして、父は落ち着いた口調で訊ねた。「『私のことをどう評価するのか教えてくれたら、私がどう行動するか教えてあげましょう』という言い回しがあるじゃないか。どう思う？　そのとおりだと思うかい」

父からこの言い回しを初めて聞いた時のことは覚えている。ちょうど、私が心理学の勉強を始めた頃で、いろんな角度から考えてみたのを覚えている。「そのとおりだと思うわ。わかっているでしょ」

父の説明は続いた。「もしそうだと思うなら、人は予想可能だということを受け入れていることになる。人は因果関係に左右されるものだ、ということを認めていることになるんだ。いいかい、この場合、原因は評価方法で、そして結果は行動だ。もちろん、人は一〇〇パーセント予想可能だと言っているわけではない。でも、電子だって同じだ。それから天気も。違うかな」

父がパイプをくわえるのを待って、私は言った。「なるほどそうね。人が予想不可能だとしたら、社会も、それから家族も、その土台が崩れてしまうわ。私だって、仕事がなくなるわ」

「なるほど、だったら物質世界も人間の世界も同じじゃないのかな。何か、違うかい。物質世界だけでなく、この世の現実すべてが、実はシンプルなんだよ。どうして、それを認めることがそんなに難しいんだ?」

「人間は、はるかに複雑だからよ」私は引き下がらなかった。「明らかに複雑だとわかっているのに、実は、そもそもシンプルなんだと言われても、そう簡単には受け入れられないわ」

「エフラット。今日は、昨日と少し違うな。昨日は、集団はとても複雑だ、特に組織はとても複雑だということに合意していたじゃないか。父さんのレポートが、少しは役に立ったのかな」茶化すように、父は言葉を加えた。「それともビッグブランド社は、おまえにはシンプルすぎたのかな」

「参ったわ」そう言いながら、まさに父の言うとおりだと思った。ビッグブランド社は、八万種類ものアイテムを取り扱う大企業。私にとってはまさに想像を超える複雑な組織のはずだ。しかし、原因と結果の分析やシンプルな常識的なロジックを用いて、父は根本的な問題を掘り起こし、何が本当に問題になっているのか、状況をはっきりと示した。どうしていままで誰も気づかなかったのかと首を傾げたくなるほど、はっきりと示してくれたのだ。

しかし、私にはまだしっくりとこなかった。「ビッグブランド社の場合は、確かに現実はシンプルだったわ。それは、私も認める。でも、やっぱり人は複雑よ。父さんの話を聞いて、父さんのロジックを理解して、それから他にも父さんの言うことはだいたいそのとおりだと思ったわ。だけど、やっぱり納得できないの。人は複雑だと思うし、ビッグブランド社もものすごく複雑だと思うわ。どうして、見るからに複雑な人や組織がシンプルなのか、どう考えても納得できないの」

父は灰を捨て、小さなブリキ缶からタバコの葉を取り出し、パイプに詰め直した。私は黙って待った。しばらくして、ゆらゆらと煙が立ち上ると、父が口を開いた。「例えば、二人の人が、きゅうりの特徴が『長い』ことなのか、あるいは『緑色』であることなのかを論議しているとしよう。一人は『長い』ことだと主張する。緑色なのは外側だけだが、長いのは外側も内側もそうだからと言う。もう一人は、きゅうりの特徴は『緑色』であることだと主張する。縦横、どちらの方向にも緑だからというのだ。エフラット、どう思う？　どちらが正しいと思うかな」

「父さん！」私は、父の質問に苛立ちを覚えた。

私の呼びかけにも、父は澄ました顔のままだった。「二人の意見の違いは、まったく何の意味もなさない。どうしてだと思う？『長い』と『緑色』は、まったく関係のない別のことだからだ。比較しようがない。戸惑っているようだな？　もしそうだとしたら、おまえも同じ間違いを犯しているという証拠だよ」

「戸惑ってなんかいないわ」私は、断固とした口調で言い返した。「きゅうりは、長いし、緑色よ。両方同時に可能だわ。でもシンプルと複雑は、両方一緒っていうわけにはいかないわ。シンプルと複雑は、お互い相反することだから」

「さあ、それはどうかな。おまえが『複雑』ということをどう定義しているのか、それ次第だよ」そう言うと、父は紙を一枚取り出して、いきなり図を描きはじめた。「いいかい、ここに二つのシステムがある。上の図をシステムAと呼ぶことにしよう。システムAには、円が四つある。そして下の円や矢印がいくつもあるやつが、システムBだ。

さて、この二つのシステムのどっちが、より複雑だと思うかな」

一見したところ、システムBの方がずっと複雑に見える。しかし、本当にそうだろうか。もう、私にはわからなくなってきた。ここは、下手に答えない方が無難だ。私は、黙っていることにした。

私が黙ったままでも、父は平然としている。「答えは、複雑とはいったいどういう意味か、その定義による」そう父が説明を始めた。「ふつう、みんなが言う複雑という言葉の定義は、『あるシステムを説明するのに、より多くのデータが必要であればあるほど、そのシステムはより複雑だ』というところかな」

「そうね、その定義はいいわね」私は、父の定義に頷いた。「もし説明するのに、たった五行で終わるんだったらシンプルだけど、一〇〇ページも必要だったら複雑よね」

「この定義によれば、システムBの方がずっと複雑なのは間違いない。円の数もずっと多いし、それに、矢印も多い。原因と結果の関係を、矢印を使って示すには、円一つを描くより、もっとデータがたくさん必要になる」

「確かに」そう答えて、私は微笑みながら「だけど……」と付け足した。

ためらっている私に、父は微笑みながら説明を続けた。「だが、実はもう一つ別の定

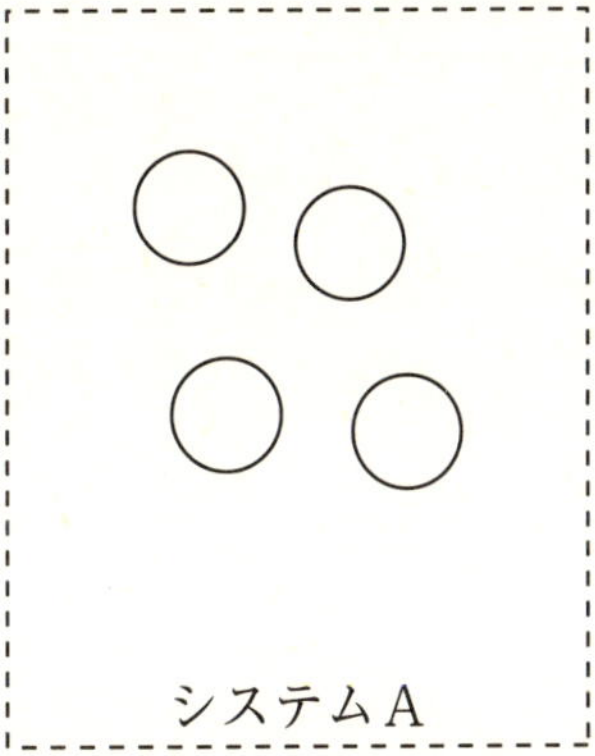
システムA

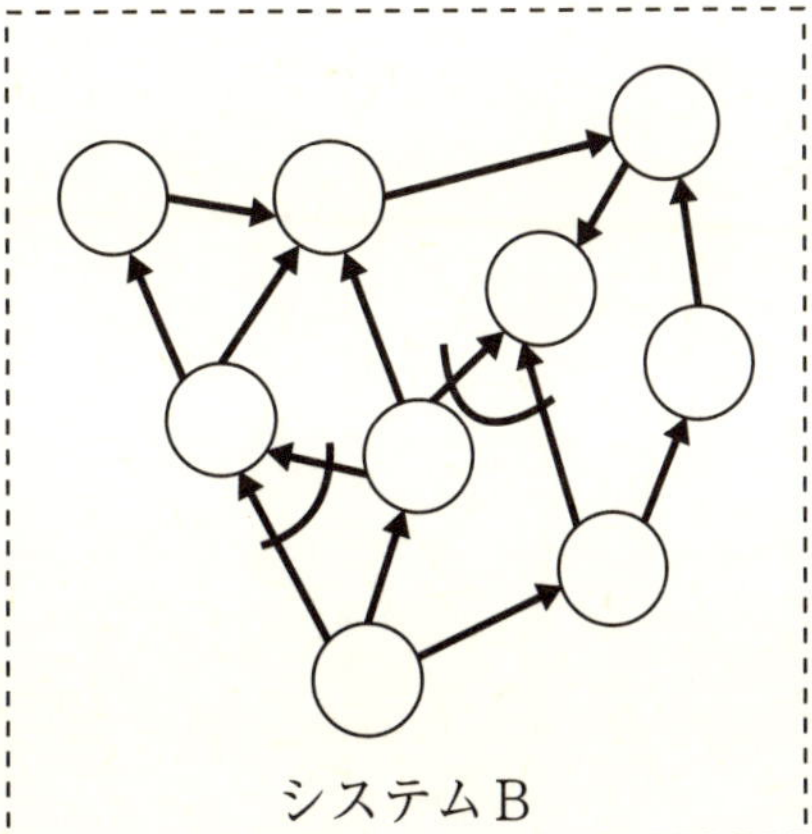
システムB

義があるんだ。エフラット、おまえが科学者か、どこかの会社のマネージャーだったら、おそらくこうしたシステムの描写にはあまり興味はないはずだ。それより、そのシステムがどういう行動を取るのか、その行動を予想したり、あるいはコントロールすることの方にもっと興味があるはずだ。特に、システムに何らかの変化があった時はそうだろう。つまり、この場合の複雑という言葉の定義は、『システムに与えられている自由度が高ければ高いほど、システムはより複雑』という具合になるんだよ」

「父さん、私は科学者じゃないわ。『自由度』って、どういう意味？」

「システムを観察して、よく考えてみるんだ。システム全体に何らかの影響を及ぼすとして、そのためにいったい最低何か所に手を入れないといけないのか……。もし一か所だけでいいなら、そのシステムの自由度は1だ。システムBがそうだ。いちばん下の円をいじれば、原因と結果の矢印をたどって、他の円すべてに影響を及ぼすことができる。しかし、システムAのように、もし答えが四か所だったら、その自由度は4ということになる。自由度が4のシステムは、自由度1のシステムより桁違いに複雑なんだ。予想するのも、コントロールするのもずっと難しい。ということは、エフラット、システムAとシステムB、どっちが複雑だと思う？」

「……定義によるわ」私は、慎重に答えた。私には、まだ完全には父の説明が飲み込めていなかった。「最初の定義によれば、ビッグブランド社はもの凄く複雑っていうことになるわよね。でも、うまく組織全体の原因と結果の関係を構築できて、もし根本的な原因を一つに絞り込むことができれば、外見上は複雑に見えても、実は極めてシンプルな組織っていうことになるわね。そうよ、その原因と結果の関係さえわかれば、どこかに何らかの変化が生じたとしても、どう反応するのか、わかるわけよね。どれだけ利益が増えるかってこともね」

さらに、私は言葉を付け足した。「なるほど、人や組織はものすごく複雑にもなり得るし、逆にものすごくシンプルにもなり得るってことね。でも、その考え方に慣れるには、少し時間がいるわ。『複雑』と『シンプル』は共存できるってことでしょ。これは大変ね。でも、一つだけはっきり言えることがあるわ。それは、『ものごとは、そもそもシンプルである』っていう概念が、最初に私が想像していたより、ずっとパワフルだっていうこと」

「エフラット。でも、これで終わりじゃないぞ」そう言いながら、父がニヤリとした。「実は、まだ一つ目の障害についてしか説明していない。どうして、人は効果的に頭脳を使うことができないのか、それは、みんな現実は複雑だと考えているからだと説明しただけだ。しかし、この『ものごとは、そもそもシンプルである』という考え方は、実は一つ目の障害だけでなく、二つ目の障害を取り除くためにも役に立つんだ」

「二つ目の障害って、それ何なの?」

父は思慮深く私を見つめながら言った。「エフラット。またニュートンの言葉を引用させてもらうけど、ものごとはシンプルである、という考え方には、もう一つ、裏に別の面があるんだ。それが理解できれば、二つ目の障害もわかる。それにその障害を克服することで、どうすれば充実した人生を送ることができるようになるのか、その準備もできる」

「ちゃんと聞いているわ」

「残念だけど、この説明には時間がかかる。これからやらないといけないことがあるから、いまはダメだ」そう言うと、父はコンピュータに向き直り、ヒーローズを開いた。

間もなく、孫が遊びにやって来る。

The Choice

第5章

矛盾と対立

父とアミールが遊んでいる間、私は先ほどの父の話についてもう一度ゆっくりと考えてみた。

ものごとは表面だけでなく、その裏側や根底に何があるのかを考えなければいけない、そして少し頑張って表面を突き破れば、そこに何が存在しているのかが見えてくると父は言った。

やみくもに奥深く掘り下げ、ただ単純にものごとを細かく打ち砕いて、その膨大な因果関係を露呈するだけでは、その複雑さに圧倒されるだけで終わってしまう。

人も同じだ。二人の人間の関係を観察する時にも同じことが言える。母と娘、友人同士、会社の同僚、もちろん夫婦間でもそうだ。二人の関係についてそれぞれに語らせれば、いくらでも話は聞けるだろう。しかし、じきにそんな細かい話には飽きてくるだろうし、また二人の話が食い違っているのにも呆れてしまうに違いない。

人ひとりについて考えると、それがもっとひどくなる。人は誰でも、多くの人と関わりを持っている。ひとりだけなどという人はいない。そして、組織はそうした人たち、さまざまな人たちが大勢集まって成り立っている。だから、その複雑さといったら、まったく圧倒されてしまうほどなのだ。

しかし父は、こうした状況においても、ものごとは実はとてもシンプルなんだ、と言い切る。その状況の要素を簡単な原因と結果の関係でつないでいくと、ついには、すべてを支配しているほんの少数の根本的な原因に辿り着き、どれだけシンプルなことなのかがはっきりと見えてくると言う。ニュートンは、「自然」とはそういうものだと信じていた。父も「現実」とはそういうものだと信じている。

父は、現実がまったく複雑ではないと言っているわけではない。複雑であることは認めている。彼が言っているのは、見方を変えれば、現実はとてもシンプルにもなり得るということだ。

本当に、そうだろうか。そう考えていいのだろうか。

哲学上の考え方だけなら、まったく問題はない。そんなこと、誰も気にはしない。しかし、その考え方を受け入れることができなければ、科学者のようには思考できないと言われると、話は別だ。私は、充実した有意義な人生を送りたい。そのためには、明晰な思考力が必要なことはわかっている。確かめないといけないのは、ものごとはシンプルであるという考え方をすることで、明晰な思考の邪魔をしている障壁を取り除くことができるかどうかだ。そして昨晩、そうした障壁が三つあることがわかった。しかし、まずは父が言っていた、ものごとはシンプルであるということの裏側の意味を理解しないといけない。私は忍耐強く、二人が遊んでいるコンピュータゲームが終わるのを待った。

母がアミールに食事を用意してくれて、ゲームはいったん中断した。父は、孫に無理やりキスをしてもらって、ようやく私の番がやって来た。また、父の説明が聴ける。

父は、背を椅子にゆったりともたれて、先ほど中断したところからまた説明を始めた。

「さっきのニュートンの言葉だが、説明はまだ前半の部分しか終わっていない。あと半分残っている。後半部分の『自らと調和している』という部分だが、これも非常に重要だ」

「自らと調和している」私は、父の言葉を繰り返した。「どう解釈したらいいのかしら」

「一つは、矛盾がないという解釈の仕方がある」そう父は説明した。

「なるほど。でも、それがどうして重要なの」私は疑問に思った。「自然界に矛盾がないのは当たり前のことじゃない」

「じゃあ今度は、自然という言葉を、現実という言葉に置き換えてみよう。『現実には、矛盾がない』……どうかな。これも当たり前だと思うかな。いいかい、人間は現実の一部なんだ」

そうか、これが鍵だ。勝ち誇ったように私は言った。「それが、物質世界と人間の世界の違いね。ハードサイエンスとソフトサイエンスの違いよ。物質世界には矛盾がないけど、人は違うわ。人には対立があるわ。人と人の関係だけでなく、みんな自分自身の中にもいろいろな対立を抱えているものよ」

「もう一つ、別の見方もある」

別の見方？　他にも、まだあるのだろうか。「父さん、人はみんな対立を抱えているわ。そうじゃないなんて言わないでよ。どんな方法を使っても、私を納得させることなんかできないから」

父はパイプをくわえて、煙をくゆらした。

しばらくして、父が口を開いた。「少し考えてみよう。『矛盾』と『対立』という、二つの言葉の相違点と類似点は何だろうか」

私は、父が話をどの方向に導こうとしているのかわからなかった。黙って私は、父の言葉を待った。

「物質世界には矛盾はないと言ったが、本当に人はみんなそう信じているかどうか、確かめてみよう。例えば、建物の高さを測る方法が二つあったとしよう。しかし、ある建物をこの二つの方法を使って測ってみると、違う高さになってしまった。要は、矛盾が生じたわけだ。その時、人はどうするかな。まさか、両方の間をとって妥協しようなどとは言わない。この建物の高さは、二つの高さの平均でいいなどとは絶対に言わないはずだ」

父は、説明を続けた。「おそらく人は、どこかで前提に間違いがあったのだろうと考えるだろう。例えば、最初、一つの方法で測ったあとに、建物に一つ階が足されて、それからもう一つ別の方法で測ったのかもしれないと考えるかもしれない。もしそうでないなら、今度は、両方の方法とも正しいやり方で測られたかどうか、その前提を疑うだろう。どちらも正しいやり方で計測されていれば、今度はその方法そのものが適切かどうか、その前提を確認するだろう。もしかしたら、どちらかの方法に間違いがあるのかもしれないって考えるんだ。極端な場合は、自分たちの高さに対する理解が正しいかどうかも確認しないといけない。しかし、必ず前提がどこかで間違っていると考えて、それを探そうとする。決して適当なところで妥協しようとはしない。自然界には矛盾などないと、そこまで強く人は考えている」

私は、特に感心もしなかった。「建物の高さは、一つしかないわ。当たり前のことじゃない。でも、人は違うわ。人は、対立する二つの欲望を持つことができるもの」

「おまえの言うとおりだ。人は、対立を抱えている。しかし、それは人だけじゃない。物質世界も、実は対立だらけなんだ。現実の世界には矛盾がない。しかし、対立は数え切れないほどある」

「よくわからないわ。矛盾と対立って、何が違うの。説明してくれないかしら」

「対立というのは、人が矛盾を求めている状態だ」と、父が答えた。だけど、そんな説明では、私にはまったくわからない。そんな私の表情に、父が説明を続けた。「例えば、飛行機の翼を考えてごらん。飛行機の翼の強度は強い方がいい。そして翼の強度を強くするには、その桁はできるだけ太くて丈夫なものがいい。その一方で、翼は軽い方がいい。しかし翼を軽くするには、桁はできるだけ細くて軽いものがいい。典型的な対立だよ。こういう場合は、人間同士もそうだが、うまくいけば適切な妥協点で落ち着く。うまくいかなければ、そのまま膠着してしまう」

「でも実際には、納得のいかない妥協で落ち着くことが多いわね。そのよろしくない妥協が原因で、好ましくない現象が引き起こされたりするのよ。考えてみれば、好ましくない現象っていうのは、どれも何らかの対立が原因で起こっているわ。そうじゃないものって、あるかしら。一つも思い起こせないけど」

「そのとおりだ。いいかい、科学者はどのように矛盾に対応していると思う？　対立にも、科学者と同じように対応すればいいんだよ」

対立を解消する方法は、父から教わった。この一〇年、ずいぶん使わせてもらってきたし、さまざまな経験をしてきた。それに、たいていはうまくいった。「対立に直面した場合、特に適切な妥協点をすぐに見つけることができない時は、矛盾に直面した時と同じようにすればいい。つまり、前提が違う、どこか根本的な前提が間違っていると考える。もし間違っている前提を見つけることができれば、対立の原因を取り除くことができる。原因を取り除くことで、対立はなくなる。そういうことよね」

「そうだ」父が褒めてくれた。「それじゃあ、二番目の障害は何かな。人が頭脳を効果的に使う邪魔をしている二番目の障害だよ」

私は、ゆっくりと答えた。「少し待って。頭の中を整理するから」

昨日、私は、有意義な機会というものは、いかにして障害を除去できるのか、そして、いかにしてとうてい自分ではどうすることもできないと思われるような状況を克服できるのか、その方法を見つけることができた時に、その扉が開かれるのだという結論に達した。多くの場合、こうした障害は、適当な妥協点を持たない対立が原因で起こる。対立に直面した時は妥協するしか方法はないと思っていれば、前提のことなど考えることはないし、間違っている前提をどう除去したらいいかなどと方法を考えることも絶対にしない。それは、自分の経験からもよくわかっている。しかしそれでは、決して対立を取り除くことはできない。ブレークスルーを見つけることもできない。まわりに隠されているすばらしい機会を見つけることもできない。ただ、期待を低くするだけだ。

「わかったわ。『二番目の障害は、対立というものは生来のもので避けようがなく、せいぜいできたとしても、その妥協点を探すぐらいのこと』と、人が思っていることよ」

私は自信を持ってそう答えた。

父は私の答えに頷き、顔をしかめて言った。「愚かなことに、学問の世界では、みんなその間違いを勧めているんだ。『最適化』などという格好のいい名前をつけて、対立を除去する方法ではなく、『最高の妥協点』を探し出す方法を一生懸命教えているんだよ。まったく馬鹿げている。時間の無駄だ」

「なるほど。ねえ、父さん。もう一度、まとめてくれないかしら。『ものごとは、そもそもシンプルである』という考え方、もう一度整理しておきたいの」私は、父の話が横道に逸れる前にそう訊ねた。話が教育問題に逸れたら大変だ。

「いいだろう。『ものごとは、そもそもシンプルである』というのは、現実は、現実のあらゆる面は、すべてごく少数の要素によって支配されていて、どんな対立も解消することができるということだ」そう説明し、一呼吸置き言葉を付け足した。「もしその考えを受け入れることができれば、どんな状況においてもそうだと信じることができれば、その時は、明晰な思考ができるようになる」そう言って、父はパイプにタバコを詰め直した。

父の言葉に感心しながらも、私はまだ終わっていなかった。「テストしてみましょうよ。ビッグブランド社の場合はどうかしら。いまの考え方がビッグブランド社にどう助けになったのか、説明してくれない？」

「その話は、また今度にしよう。いまから説明したら、遅くなってしまう」

「そうね。じゃあ、また明日来るわ」そう言って、私は子供を連れに階段を上った。

The Choice

第6章

信念を行動に

子供を学校に送り、父の家へ向かった。着くと、父はまだ寝ていた。そっと寝室に入ると、もぞもぞとベッドの中で動いた。「父さん、テストしましょう」私は、耳元でささやいた。

「エフラット」父がうめくような低い声で言った。「まったく容赦ないな。母さんと同じだ」そう言いながらも、一〇分後には書斎に現われた。「コーヒーは？」と父が催促した。

私は、カップを父に渡した。そして、パイプも手渡し、火を点けるのを待った。

父の落ち着いた様子を確認してから、私は始めた。「ビッグブランド社のレポートをもう一度読み直してみたわ。だけど、私ひとりじゃ無理。父さんのような分析やソリューションは考えつかないわ。どう考えても、自分ひとりじゃ絶対に無理よ。だから父さん、私には十分な頭脳が備わっていないってことを認めるか、それができないんだったら、ものごとは、そもそもシンプルだって信じることが、どう科学者のように考える役に立つのか、ちゃんと証明してくれない？」

「……」頷くだけで、父からは何の返事もなかった。

私は、諦めない。「例えば、どうして売り切れだとか、期末バーゲンセールだとか、そういうカモフラージュの効果に着目できたわけ？　ものごとはシンプルであるって信じることで、どうしてそこに的を絞ることができたのか知りたいのよ」

「エフラット」父がようやく口を開いた。「細かいところまで全部を分析しようと思ったらできないことはない。しかし、そんなことをしていたら時間がものすごくかかってしまうだろうな。いいかい、私の目的はビッグブランド社のパフォーマンスを飛躍的に伸ばす方法を見つけることだった。だから、会社全体を分析する必要などなかった。もともとても優良な企業だから、ほとんどの部分はうまくいっていた。私が分析しないといけなかったのは、うまくいっていなかった部分だけだ。好ましくない現象だけに集中すればよかったんだよ」

「それは重要ね」私は、心の中で頷いた。

父は続けた。「私は、ものごとは、そもそもシンプルであると信じている。だから、もし何かうまくいかないことがあるとすれば、それは、どれもだいたい同じ原因に起因していると考えるんだ。父さんの経験からすると、だいたいその原因は一つ、根本的な原因は一つだけだな。それから、対象は好ましくない現象だから、その根本的な原因は、受け入れることのできる妥協を持てない対立だと考えるんだ。好ましくない状況は、満足のいかない妥協の結果として起こるって考えるわけだよ」

「人は、慢性的な問題を抑え込もうとする。解決するのは不可能だと諦めた問題は、そのまま押し殺そうとする。でも、父さんは、ものごとはとてもシンプルだと信じているから、そういう問題は根本的な対立の結果、起こっているわけで、そうした対立は解消することができる、だからそういう問題は解決できるって考えるわけね。だから父さんは、そういう問題をカモフラージュしようとしないわけね。なるほど……」父の説明をなぞるように声を出して消化していった。

「それだけじゃないわ」私は続けた。「小さな問題は、根本的な問題とはあまり関係のないこともある。だから小さな問題をいくら解決しても、根本的な対立はそのまま。ということは、小さな問題から始めても、必ずしも根本的な対立に辿り着けるとは限らないっていうことね。父さんの狙いは、根本的な対立を解消すること。つまり、慢性的な問題を無視するんじゃなくて、逆にそういう問題を積極的に探していたわけね」

「まあ、そんなところかな」と、父はため息をついた。「何かの状況を改善しようとする時は、小さな問題ばかり対象にしていてはダメだ。そんなのは、時間の無駄でしかない。それより、もっと大きな問題に取り組まないといけない。同じ努力でも、そのリターンはずいぶんと違う」

なるほど。でも、いまの父の説明よりは、私の説明の方がわかりやすい。私はそう思った。ものごとはシンプルだと考えることで、どうすれば一つ目の心理的障壁（大きな問題をカモフラージュしようとする傾向）を克服できるのか、私の説明はその点をちゃんと説明している。勇気と決意はどうだろうか。大胆なソリューション、業務の根底となっていた販売予想を撤廃してしまうような大胆なソリューションを探し求める勇気と決意は、いったいどこから来るのだろうか。

答えは、わかりきっている。そんなことを父に言ったら、きっと笑い飛ばされるだけだろう。ものごとは、そもそもシンプルだと考えるだけでいい、必要なのはそれだけ、特に勇気や決意なんて要らないと言われるに違いない。ものごとはシンプルだという考え方には、根本的な前提や思い込みを一つ取り除くだけで、根本的な対立を含め、どんな対立も解消できるという考えも含まれている。父さんがやったのはまさにそれだ。対立や根本的な前提が何なのかわかる前から、父さんはそうする考えだったのだ。

父さんが行なったのは、まず根本的な対立（『品切れを避けるために、たくさん注文すること』対『売れ残りを防ぐために、少なめに注文すること』）を見出すこと。次に、根本的な前提（正確な数量を注文する唯一の方法は、前もって将来の需要を知ること、つまり需要を予測すること）を見つけること。そして、当然のことながら、父さんはこの前提を覆そうとした。一つひとつのアイテムの将来の需要などは知る由もない――もしこれを前提とするなら、ビッグブランド社は仕事のやり方をどう変えなければいけないのかと考えたわけだ。しかし、それはそう容易なことではない。障害もたくさんあった。しかし、父は諦めなかった。それは、ものごとはそもそもシンプルであるという考えに支えられて、自分は絶対に間違っていないという確信が、父にはあったからだ。

実際、私も自分のところに相談に来る人には同じことをしている。みんな、何らかの問題を抱えているから、私のところに来るのだ。すべてがうまくいっているから来るわけではない。みんな、好ましくない現象を抱えているのだ。私は、父から教わった方法を使っている。だから私も、相談者の抱える好ましくない状況は、何らかの対立の結果だと考えている。他人との場合は人間関係の対立、個人の場合は内面的な対立の結果なのだと。そして、まず根本的な対立を見つけ出そうとする。それが見つかれば、今度はその前提を確認する。そして、その思い込みを覆す方法が何かないか、相談者と一緒に考える。

個人と組織の唯一の違いはおそらく、組織の場合は、根本的な前提が前提としてではなく、事実として認識されている点だろう。事実として認識されているため、前提を覆すのはそう容易なことではない。いや、もしかすると、違いは私の頭の中だけかもしれない。人を相手にするのはそう苦にならないが、組織が対象だとどう対応していいのかよくわからなくなる。なるほど……。

私は、腕時計に目をやった。もうすぐ子供たちを迎えに行かないといけない。でも、まだわかっていないことがある。なぜ、父さんはあんな立派なソリューションを見つけても、それでよしとしないのだろうか。

「父さん、どうしてそれじゃ満足できないの。どうして、もっといいソリューション、もっといいソリューションと、その先を探し求め続けることができるのかしら」立ったまま、私は訊ねた。

「いや、別にそういうつもりじゃないんだ。ただ、前提を変えてみるだけでいいんだ。前提を変えてみると、何がどうだから、どうなるのか、全体がよく見えてくる。現実について、新たな理解ができるようになるんだ。現実は、とてもすばらしくシンプルなんだよ。私は、そのすばらしさが楽しくて仕方がないんだ」

私は、父を軽く抱擁した。

クルマに向かいながら、私は父に感謝した。「ようやくわかったわ。本来、ものごとはとてもシンプルだっていうことが、どういう意味なのか」と。

「いや、まだまだだ。これからだよ。大事な部分の説明はまだ終わっていない」

The Choice

第7章

調和

二時間後に、私がまた戻って来ても、父は驚きもしなかった。「大事な部分って、何？」と、私は訊ねた。

父には、私が何を求めているのか、はっきりとわかっていた。ためらうことなく、父は答えた。「ニュートンは、『自然は想像以上にシンプルで、自ら調和している』と言っている。しかし『調和している』というのを単純に『矛盾はない』という言い方に変えただけでは、自然界に存在する調和の真のすばらしさを正確に表わすことはできない。これまで科学者たちは、自然界において多くのことを発見してきた。彼らの誰もが、自然の調和について、口々にそのすばらしさを語っているんだ」

私は、実用主義の人間だ。父の考え方で好きなところは、すべてが明確に説明されるところだ。まず、基本的な前提をはっきりとさせる。そして鉄壁なロジックを用いて、ソリューションを導き出す。最後に、何をすべきか具体的な指示を用意する。それもごちゃごちゃした複雑な指示ではない。明瞭簡潔で、極めて実行しやすい。しかし、対象が自然の調和などという無形のものだと少し話は違う。父がそんな話をするのを聞いていると、多少の不安を覚えてしまう。

「大事なことって、そんなこと？」私は落胆した表情を隠せなかった。

私の顔を見て、父が説明を始めた。「いいかい、ものごとはまったく関係がないように見えても、大局的に見ると、実は深くつながっているということがしばしばある。類似点や対称点は、突然、どこからともなく現われてくる。つまり、調和というのはどこにでも存在するということだよ」

まだ納得していない私の表情を見て、「どうしたら、わかってもらえるんだろう。とても重要なことなんだが」と、父は大きな声で訴えた。

「どうして？　なんで、それがそんなに重要なの」そう言って、私はため息をついた。「明晰な思考に、何か役に立つの？」

「わかった。もう少し噛み砕いて、ワンステップずつ説明しよう。すでに最初の二つの障害については説明した。現実は複雑だという概念と、対立は当たり前だと考えてしまう傾向……、この二つが明晰な思考を邪魔していると説明した。では、自然が調和を保っていることを深く理解することが、三つ目の障害を克服する大きな役に立つと言ったらどうだろう。いいかい、エフラット。実は、おまえ自身もこの三つ目の障害に邪魔されているんだ」

「面白いわね。で、その三つ目の障害って、いったい何なの？」

「答えを言う前に、おまえに一つ質問しないといけない」

「いいわよ」

「人は多くの人と関わり合っているが、その関係は必ずしも良好で調和のとれた関係にはない。エフラット、きっとおまえもそうじゃないかな。では、なぜ調和がとれていないのだろうか。理由は何だと思う?」

そう問われ、私の脳裏にはすぐに何人かの顔が思い浮かんだ。「みんな、自己中心的だからよ。自分の利益ばっかり考えて、それが私にどういう影響を及ぼすか考えていないわね」

父が黙って聞いているのを見て、私は「で、三つ目の障害は何なの? 教えてよ」と答えを急かした。

「人は、問題を相手のせいにしたがる……。それが三つ目の障害だ」微笑みながら、父は「エフラット、いままさに、おまえがしたことだよ」と付け足した。

父の言葉に、私は反論せずにいられなかった。「別に人を責めているわけじゃないわ。事実を言っているだけよ。でも、どうして人を責めることが障害になるの?」

「人を責めてみても、問題の解決にはならない……」

そう父が言いかけたところで、私は言葉をはさんだ。「でも、ソリューションを見つけるヒントにはなるわ」

「それこそが問題なんだよ。人を責めると、間違った方向に行ってしまう。正しい方向からどんどん遠ざかってしまって、よいソリューションなんか見つからなくなってしまう。もし相手を排除することができたとしても、ほとんどの場合、本当の問題は残ったままになる」

すぐに私は頭の中で、父の言い分を確かめてみた。なるほど、そうかもしれない……。

「それだけじゃない……」父は説明を続けた。「人を責めるのは、火に油を注ぐようなもので、関係をわざわざ悪くするようなものだ。調和など、保てるわけがない」

「それは、確かにそうね」私は苦笑いした。

「エフラット、明晰な思考をするというのは、自分の目的とするところに向かって最も効率的な道筋を選ぶということも意味している。その意味では、いかに人と良好で調和のとれた関係を保つことができるのか知っておくことも、充実した人生を送るためには、非常に重要なんだ。機会なんてものは、自分ひとりの力だけでは手にするのは容易なことじゃない。まわりの人から多くの助けがあって、はじめて手にすることができるものなんだ。もし、まわりの人と良好で調和のとれた関係を保っておくことができなければ、そうした助けをもらうことなど期待できない。その結果、せっかくの機会もうまく活かすことができなくなってしまうんだよ」

「でも、本当に相手が悪い場合は?」私は父に迫った。「結局、相手は慎重に選ばないといけないってことかしら……。でも、いつもそううまくいくとは限らないわね。いいわ。父さん、続けて。でも、人を責めちゃいけないんだったら、どうしたらいいの? 教えて」

「『現実は自ら調和している』っていうところに戻って考えてみないといけない。まずは、その調和という言葉の定義を考えてみよう」

そう言って、辞書を取りに立ち上がった父の椅子に、私はさっと腰を下ろし、インターネットで検索を始めた。

オックスフォード辞書には、「心地よい矛盾のない状態を形成する質」「同意、または強調」と定義されていた。また、ウェブスター辞書には、「意見、および行動における適合性」「意見の合意」などと定義されていた。

これは、私が理解する『調和』という言葉の定義とも一致している。

「調和の定義が何なのか、それがわかったからって、どうやって人を責めるのをやめることができるの」そう私は父に訊ねながら、頭の中では、相手が本当に悪い時でも、どうして咎めてはいけないのだろうかと考えていた。

「椅子を返してもらっていいかな」父はゆっくりとパイプにタバコを詰めはじめ、マッチを三本使って、しっかり煙が立ち上りはじめるまで火を点けた。そして、ようやく私の質問に答えた。「相手を責める理由がないとはっきりとわかれば、相手を責めることはしなくてよくなるはずだ。そんなことは理想論にすぎないと思うかもしれないが、そう考える前に、もう一つ知っておいてもらいたいことがある。それは、『ものごとは、そもそもシンプルである』という考え方の中には、もう一つ、人と人とのいかなる関係にも調和は存在しているという考えが含まれているということだ」そう言い、微笑みながら私の反応を待った。

おそらく、予想していたとおりの反応だったのだろう。私は驚きを隠せなかった。「いかなる関係にも調和は存在する？　父さん、本気なの？」

父の微笑みは顔中に広がった。「いいかい、エフラット。気をつけてよく聴くんだ。私は、いかなる関係も良好で調和がとれているとは言っていない。そんな関係なんてめったにない。珍しいくらいだ」

「調和は存在するけど、調和した関係はない？　いったい、どういうことなの。頭が混乱してきたわ」

「私が言いたいのは、調和は人と人とのいかなる関係にも確かに存在する、しかし、ふつう私たちはそれをわざわざ探したり、築いたりしようとはしないってことだ」

まだ困惑している私の表情を見て、父が言った。「いいだろう、何か例を挙げて説明しよう。エフラット、おまえのまわりで、調和のとれていない関係、ますます悪くなっていきそうな関係は何かないかな。例を一つ挙げてみてくれ。そしたら、表面上は良好でなくても、実は少し掘り下げてみたら、調和のとれた良好な関係を築けることを証明してみせよう。わかりやすく説明するには、特殊で複雑な例より、一般的な事例の方がいいな」

具体的な例なら、いくらでも思いつく。まず頭に思い浮かんだのは、離婚協議中の友人の例だ。それも相当醜い状態になっている。しかし、父さんの言うとおりだ。彼の状況を説明するには、事細かにいろいろ説明しないといけない。事細かに説明したら、一つひとつの事柄を用いて、関係を修復する方法などいくらでもある、と説明しようと思えばいくらでも説明できる。でも、それでは事例としてふさわしくない。それよりは、調和のとれた関係など明らかに不可能だと思えるような、もっと一般的な例で説明してもらった方がいい。どんな関係も掘り下げれば、調和のとれた良好な関係を築くことができると言っているが、そんなことは不可能に違いない。そんなこと、どうやって証明しようというのだ。説明に四苦八苦する父の顔を見るのが楽しみだ。

「ちょっと待ってね」私は父に言った。

私は、頭の中でいろいろなシーンを思い浮かべてみた。母親とティーンエイジャーの娘、夫と妻、会社の同僚同士など、いろいろ例は考えられる。どの場合も、悪い関係はいくらでも想定できる。しかしこうした関係は、たいていは良好なのがふつうだ。もちろん関係が悪い場合もあるだろうが、たいてい母と娘はいい関係にある。夫婦もたいていは一緒に暮らしている。離婚するのが大変だから一緒にいるわけではない。そうしたいから一緒にいるのだ。会社の同僚同士の間にも仲間意識がある。どれもいい例ではなさそうだ。もう少し違う角度から考えてみよう。

そもそもよくない関係、調和のない関係とはどのようなものだろうか。仲間意識や忠誠心といったものではなく、不平や不満にあふれている関係は当然、良好とは言えない。例えば、一方がほとんど全面的に相手に依存しているのに対し、その相手が他にいくつもの選択肢を有している場合など、両者の間に大きな不釣り合いがある時はそうなる場合が多い。

問題は、こうした状況の時、多くの場合、強者の方が相互の関係には特に問題などないとしてしまうことだ。自分の行為が相手にどのような敵意を抱かせているのか、強者には見えなくなってしまう。

では、どういう場合に、こうした両者の関係、調和とは程遠い、よくない関係が表に露呈してくるのだろうか。

それは、自らの利益のために、一方が相手に対し大きな変化を求めた時だ。どういう時に、そうした大きな変化を要求するだろうか。

例えば、一方が自らの利益を増やすために必要な変化について分析を行なったとしよう。そして分析が終わって、その変化によって利益が大きく増えるという結果が出たとしよう。すると、その変化は非常に重要な変化、根本的な変化で、それを実現するためには、相手側にも同じ変化を求めるべきだということになる。しかし、相手にそれを求めるのはそれほど簡単なことではない。私の経験では、変化が重要であればあるほど、根本的であればあるほど、相手が異議を唱える可能性は高くなる。そして、関係がもともとそれほど良好でなければ、相手の反応はおそらく否定的か、場合によっては非常に攻撃的にもなり得るものだ。

それなら、非常にいい例がある。大企業とその下請けをしている中小企業、サプライヤーの関係だ。この両者の関係を調和のとれた良好な関係にすることなど、父さんでも絶対に無理だ。大企業は、次々とサプライヤーに無理難題を押しつけてくる。その真の関係が明らかにされれば、調和のとれた関係など無理だ、と父さんも諦めるに違いない。

「父さん」私は甘い声で言った。「ビッグブランド社のマネージャーたちは、父さんのソリューションを聞いてどうだったの。どんなことを心配していたのかしら」

しばらく考え込んでから、父が答えた。「そうだな、いちばん心配していたのは、下請業者に協力してもらうよう説得するのが、どれだけ大変か、どれだけ時間がかかるのかといったことだったかな。従来の仕事のやり方を大きく変えてもらわないといけないわけだから、相手に対し、それなりに大胆な指図や指示も必要だろう。当然、その結果、大きな反発も予想される」

思ったとおりの答えだ。私はなおも甘い声で続けた。「父さん、それがいいわ。その例を使いましょう。ビッグブランド社と下請業者の間にどんな調和が存在しているのか、説明してくれないかしら」

父は、私の顔をまじまじと見た。「まったく、おまえは手強いな」

私は黙って、微笑んで見せた。

父は、ゆったりと煙を吐いた。「前もって大量に注文を受けるこれまでのやり方から、今度は小さな注文に頻繁に、しかも迅速に対応しなければいけない。そういうビッグブランド社の希望、というより要求に下請業者はきっと抵抗する、おまえはそう考えているんだろう。まあ、そう考えるのも無理もない」

「無理もない?」そんな言い方、私には納得できなかった。「いい、父さん。下請業者の立場から考えてみてよ。小さなサプライヤーのマネージャーになったつもりで考えて。そんな身勝手な要求を突きつけられたら、父さんだったら頭に来るでしょう? 勝手すぎるって批判するでしょ?」

私の質問にも落ち着いた様子で、父はコンピュータに向かって言った。「いまから、レポートを一つ、そっちに送信する。いま、まさにおまえがした質問の答えが書いてある。同じ状況を下請けの立場から観察しているレポートだ。いいか、エフラット。読んでも驚くんじゃないぞ」

The Choice

第8章

＜ゴールドラット・レポート＞
決して、わかったつもりになるな
Part1

2006年5月に、
ゴールドラット・グループに実際に提出されたレポート。
ただし、本書の目的に合わせて、
一般読者でも理解しやすいように若干の修正が加えられている。

私たちの一般的なソリューションを、具体的な事例に適用することができるかどうかを確かめる際、私（ゴールドラット）が決まって行なうことがある。それは、そのソリューションのベースとなっている前提が、その事例に通用するかどうか、何度も何度も確認することだ。最近、私はこのルールから明らかに逸脱するような事例に直面した。もちろん、その結果は散々たるものだった。しかしこのレポートを書いているのは、それが理由ではない。いちばんの理由は、その事例を分析し直してみて、私たちの理解を深めるには際限がないことが、あらためてわかったからだ。私たちの取り組みには終わりがない。どこまでも続く置石のようなもので、努力し続ければ、いつまでもその見返りはある。

この事例は、私にとってある種、衝撃的だった。それは、相手がスポーツ・アパレルメーカーだったからだ。あえて言わせてもらうなら、私には、製造業のことはすべてを知り尽くしているという自負があった。しかし、この会社を分析し直してみて、そうではないことがわかった。新たな知識の発見があったのだ。それも一つではない、三つも新たな知識の発見があったのだ。非常に重要な発見であったことは、その後、別の消費財メーカー二社にも同じ知識を用いて、大きな成果をあげることができたという事実からも理解してもらえるだろう。

その詳細は、以下のとおり。同社の収入の八五パーセントは、大手ブランド企業の下請けとしての収入だ。

通常、下請企業が取引している大手クライアントの数は、一、二社程度である。大手クライアントであれば、下請企業から安い価格を捻り出す大きな力を持っているのが通例だ。価格が下がれば、下請企業の収入に占める原材料費の割合は増え、その結果、マージンは下がる。しかし、この会社はクライアントとして大手ブランド企業を一〇社以上抱えており、どのブランドに対しても収入の多くを依存するような状況ではなかった。ゆえに、原材料費の割合が収入の半分だけだと聞かされても、私はさほど驚かなかった。

また、同社の収入のうち残り一五パーセントは、独自コレクションの販売によるものだった。自国に直営店を一〇店舗、加えてフランチャイズ店も数店舗有しており、これらの店舗を通して独自のコレクションを販売していた。

同社との最初のミーティングでわかったのは、生産のリードタイムが二か月であること。アパレル産業では、典型的なリードタイムだ。そしてもちろん、シーズン全体の販売量を一度に生産し、シーズンが始まる前にブランド企業に出荷していた。

まさに教科書どおりのオペレーションだった。

ヨーロッパに位置している同社は、アジア地域の競合他社に比べ、地理的に大きな利点を有している。クライアントの主要倉庫まで製品を輸送するのに、ほんの数日しかかからない。しかし、その地の利を同社は、いまは活かし切れていない。生産リードタイムが二か月では、市場にいくら近くても、その地理的メリットはなくなってしまうのだ。しかし、スポーツ・アパレルの場合、製造ラインでは特に段取りといったものは必要ない。すなわちリードタイムを短くしようと思えば、容易に一週間未満に短縮できるはずなのだ。二五年ほど前、私は『ザ・ゴール』という本を出版した。その中で、私は同じような状況についてソリューションを紹介している。それ以降、何百もの工場でそのソリューションは導入されてきた。

では、同社のメリットを真の競合優位性に変えるには、いったいどうしたらいいのだろうか。それは、ブランド企業のニーズを理解することだ。彼らは、在庫を減らしたいと望んでいる。それに気づくだけでいいのだ。下請企業が彼らに代わって在庫を抱えてくれる——それ以上に彼らが喜ぶことがあるだろうか。それは仕入価格の引き下げと同じくらい、彼らにとっては魅力的なことなのだ。市場に近いこと、また生産リードタイムを劇的に短縮できるメリットを活かせば、若干のコスト増で、そうしたサービスの提供も可能になるはずだ。

本当にそのようなサービスを提供できたとしたら、クライアントは大喜びし、注文はいくらでも取れるに違いない。それだけではない。生産リードタイムが短縮されることで、大きな余剰生産能力が生まれてくる。これを活かせば、人員を増強せずに、販売高を倍近くに増やすことも可能だ。

販売高をさらにそれ以上伸ばすためには、もちろん生産能力の増強が必要となる。しかし、それも大きな問題ではない。縫製スタッフはいくらでも集めることができるし、必要な機械はミシンだけだ。原材料費は、販売価格の半分。利益を現在の売上高レベルまで引き上げるには、直接労務費を約五〇パーセント増やすだけでいいのだ。

だが、詳しく調べてみると、主要データに過ちがあることが判明したのである。原材料費は販売価格の五〇パーセントではなく、七五パーセントだったのだ。大手ブランド企業は、下請企業にとって主要クライアントでなくても、相手が急成長を目指しているような下請けの場合、なお相手から安い価格を捻り出す力を持っている。当然、下請企業のマージンは小さくなり、状況は大きく変わってくる。大きな利益を生み出すには、販売を増やすだけでは不十分なのだ。マージンも大きく増やさなければいけない。つまり、クライアントの在庫を抱えてあげるだけではダメだということだ。

ここで、考えなければいけない問題が二つある。まずは、なぜそのような基本的なデータに間違いがあったのかということ。それと、マージンを増やす何かいい方法はないかということだ。

まずデータの間違いについてだが、その原因はすぐに突き止めることができた。五〇パーセントという数字は財務諸表からの数字で、これは二つの販売チャネルの平均値をとったものだった。直営店での販売高が占める割合は一五パーセントと少ないが、販売価格に占める原材料費の割合には、この直販チャネルが大きな影響を及ぼしていた。直販の場合、販売価格に占める原材料費の割合は五〇パーセントよりずっと少ないのだ（直販ルートのマージンは、自社ブランド分と販売店分の二つのマージンで構成されているが、ともにその利幅は非常に大きい）。

さて、これで間違いの原因はわかった。しかしそれだけでは、マージンを増やす方法はわからない。

まず考えつくのが、クライアントからの注文に、より迅速に対応するというやり方だ。その分、料金を多く請求するというのが、まず考えられる。現在のリードタイムは二か月。そのリードタイムを一週間未満に短縮するのだから、追加料金を請求するというのも自然な話だ。しかし現況のままでは、それにも限度がある。現在、布地を染めるのはバッチ処理、つまり一度に大量の布地をまとめて染色している。これを少量ずつ行なえと言えば、当然、サプライヤーは抵抗を示すはずだ。それだけではない。異なるバッチでは、染め色が微妙に異なることもある。絶対に同じ色に染め上げることなど、サプライヤーは保証しないはずだ。

当てにならない販売予想に基づいた生産体制から、実際の消費に合わせた生産体制に移行すると大きなメリットが生まれる。そのメリットは無視できない。そこで私はまず、この布地染色のバッチ処理について、何かいい解決策はないか考えてみた。

例えば、すべての服が同じ一つの染色布地から生産されるとしよう。そして、この布地を一度に大量に購入する。しかし生産、つまり購入した布地から服を作る作業は、実際の消費量に合わせて少しずつ行なうとしたらどうだろう。原材料への投資は、消費されるよりずいぶんと早い段階に行なわれる。それはいまと変わらないが、作った服が品切れになったり、逆に作りすぎて余ったりといったことはほとんどなくなるに違いない。

だが、実際にはそう簡単にはいかない。すべての服が同じ染色布地から作られるわけではないからだ。このやり方がうまくいくかどうか、それは、同じ布地をどれだけ異なる多くの服に用いることができるのか、それにかかっていると言える。

同じモデルのすべてのサイズは、どれも同じ布地を使う。また、違う服にも同じ布地が使われることは、ある程度、誰にでもわかっていることだ。しかし、これもそう大きな助けにはならない。ファッションは、市場における製品寿命が非常に短いため、販売予想が非常に不確かにならざるを得ない。毎シーズン、市場に投入される製品は異なる。したがって、あるシーズンに収集された消費データは、翌シーズンの消費予想には用いることができない。しかし、サイズごとの割合は別だ。前のシーズンのデータをもとに、翌シーズンの割合は予想することができる。大きなサイズと、小さなサイズの消費は毎年、同じような割合で推移するからだ。

結局、どれだけ同じ布地を異なるモデルに使うことができるのかにかかってくるということなのだ。そこで私は、この会社が毎年どれだけのモデルを作り、どれだけ異なる染色布地を使っているのかを調べてみた。結果は、モデル数三万五〇〇〇、布地の数四七〇〇、七対一の割合だった。

思い出してみよう。一般的に品切れが生じるのは、全アイテムのうち約三〇パーセント。シーズン終了前に全部売れてしまうのだ。しかし一方で、三〇パーセントのアイテムには売れ残りが生じ、多くは期末のクリアランスセールやアウトレット店で売られる。ということは、仮に異なるモデルが七つあったとすると、統計的なバラツキを考慮すると最低でもそのうち一つは売り切れて、一つは売れ残る可能性が非常に高いということになる。つまり、販売予想に基づいて布地の量が最初から決まっていたとしても、売れ行きの悪いモデルを減らして、売れ行きのいいモデルを増やすことで、ある程度、布地の問題は解消できるということになる。しかし、それでいったいどれだけ解消できるだろうか。

この問いに答えるには、品切れによる損失は想像以上に大きいということを理解しなければいけない。例えば、あるアイテムがシーズン開始後一か月ですべて売り切れてしまったとしよう。シーズンが四か月だとすると、まだ三か月も残っていることになる。さて、この場合の売上げ損失はどのくらいになるだろうか。答えは簡単だ。難しい計算式など必要ない。売上げ損失は、実際の販売額の三倍になる。では、三か月後に売り切れた場合はどうだろう。この場合の売上げ損失は、実際の販売額の三分の一にまで減る（シーズン最後の月は、価格が引き下げられると仮定すれば、売上げ損失はさらに少なくなる）。つまり、布地の量に制限があったとしても、販売量の増加率という点では、その効果をほとんど享受できることになる。売上げ損失をほとんど防ぐことができるからだ。同じことが、売れ残りによる損失についても言える。特に、売れるのに時間が長くかかるに従い、販売価格も下がっていくことを考えれば、なおさらだ。

では、この特徴をどう活かせばいいだろうか。いかにして、これを実際のオファー、それもブランド企業が断ることのできないような魅力的なオファーに変えたらいいのだろうか。現在、ブランド企業は、シーズン全体の商品をまとめて発注し、シーズン開始前にすべて納品するように求めている。そして商品が納入されたら、すぐにその約四〇パーセントを小売店に流して、新作コレクションで在庫を補充している。なにも、ブランド企業を変えてやろうなどと思う必要はない。彼らに大きな変化を求める必要のないオファー、彼らにとって大きなメリットがあることを明確に示せるようなオファーを提示すればいいのだ。

例えば、このようなオファーはどうだろうか。まずは、これまでどおり、アイテムごとの注文は販売予想に基づいて、シーズン開始前、十分な時間的余裕を持って出してもらう。その発注量に基づいて、下請企業は、従来どおり、必要な染色布地を全部まとめて購入する。しかし、これまでのように、ブランド企業からの発注量をすべてシーズン前に作ってしまうようなことはしない。各アイテムとも予想量の半分だけを裁断、縫製してシーズン前に納品する。半分も作れば、小売店の在庫は十分補充でき、ブランド企業の倉庫にもいくらか在庫を残しておくことができるはずだ。そしてシーズンが始まったら、今度は小売店からブランド企業に注文が入ってくるのを待つ。注文が入ってくるアイテムは当然、売れ行きのいいアイテムだ。注文が入ってきたら、すぐにブランド企業から下請企業に連絡してもらう。そして、シーズン前のリードタイムとは比較できない速さで、商品を生産、補充していく。最低二か月かかるということに慣れている相手だったら、二週間以内で納品すれば十分だろう。そしてシーズン終了六週間前には、まだ残っている布地をどうしたらいいのか、ブランド企業から下請企業に指示を出してもらう。もっと服を作るのか、あるいは翌シーズンのために（ブランド企業のコストで）布地をとっておくのか、指示を出させるのだ。もし、このようなオファーをうまく提示することができれば、そして、ブランド企業にとってどのようなメリットがあるのかうまく説明することができれば、相手はノーとは言わないはずだ。受け入れてくれる可能性は非常に高い。

事実、ブランド企業はどこも、何とかして在庫の回転数を上げようと苦慮している。であれば、これは彼らにとって非常に魅力的なはずだ。これをうまく活かすことができれば、下請企業もマージンを増やすことができる。さて、ここから先は私の予想だ。ブランド企業に確認して、必要であれば、彼らの回答に従って修正を加えなければいけない。*

*このレポートが書かれてから一年以内に、実際にこのオファーは、ブランド企業数社に対し提示され、いずれも採用されている。

スポーツ・アパレルでは、一年三シーズンというのが標準だが、その場合、ブランド企業の在庫回転数は約六回。彼らにとって、それを九回に増やすのは大変なことだ。一二回などとなると、まず無理だろうと誰しも思うに違いない。だから、在庫回転数が大きく向上すればボーナスを払ってくれとリクエストすればいい。相手はどうせそんなことは無理だろうと思っているから、こちらの要求を飲んでくれるかもしれない。さて、ブランド企業へこのオファーをいかに提案するかだが、以下のような説明の仕方はどうだろうか。

現在、御社のスポーツ・アパレルの在庫回転数は六回です。しかし弊社のオファーを受け入れていただければ、回転数を大きく増やすことができます。弊社は、これまで二か月以上かかっていたリードタイムを、輸送時間を含めて二週間以内にまで短縮することを可能にしました。その結果、在庫の回転数を大幅に向上させることができるのです。もちろん、在庫の回転数は変動するものです。特に弊社のオファーを用いなくても、場合によっては、七回、八回と改善することは考えられます。ですから、弊社のオファーを採用して、もし在庫の回転数がそれ以上、具体的に言えば九回以上になったら、その時は私たちのオファーによるものと認めていただき、その際には、ボーナスをお支払いいただきたいのです。例えば、九回転から一つ回転数が上がるたびに、弊社販売価格の五パーセントをボーナスとしてお支払いください。五パーセントだけで結構です。

ブランド企業は、たいてい下請企業に支払う価格に大きな利幅を乗せて自身の販売価格としている。そのマークアップ率（価格に占める利幅の比率）は、四倍にもなる。また、彼らにとって在庫の回転数向上は一大事だ。ゆえに、そうしたオファーがブランド企業に受け入れられる可能性は非常に大きいと考えられる。少なくとも、同社がクライアントとして抱えている一二社のうち三、四社は受け入れてくれるに違いない。もちろん、ブランド企業側も、購買担当者一人で決められるものではない。購買担当者から高いレベルのマネージャーへと下からワンステップずつ順に攻めていかなければいけない。一気にまとめることのできるような話ではないのだ。

さて、もしこのオファーが受け入れられたとしたら、下請企業のマージンはどう変わるだろうか。慎重に計算してみると、このオファーは、ブランド企業側の在庫回転数を六回から一五回まで押し上げる効果があると考えられる。これは十分根拠のある予想だ。つまり、このオファーは下請企業の売上高を飛躍的に伸ばすと同時に、マージンを倍増させる可能性があるということなのだ。*

*在庫回転数一五回というのは、非常に大胆な数字に見えるかもしれないが、実際には非常に控えめな数字だ。例えば、シーズンが始まった直後の段階でブランド側が抱えている製品在庫は、全体の六〇パーセント（四〇パーセントはすぐに小売店へ出荷）。しかし、こ

のオファーを導入すれば、ブランドが抱える在庫はわずか一〇パーセントにまで減る。つまり、売れ筋商品の品切れが減ることによる販売高の増加を考慮しなくても、それだけで回転数は五倍になるのだ。ゆえに、回転数一五回というのは、それでも非常に控えめな数字である。

しかし、もちろん私にも一〇〇パーセント確信があるわけではない。実際にこのオファーを試してみたこともなければ、似たような事例も私たちには経験がない。そこで、私は、他にも何か販売高を劇的に増やし、かつ同時にマージンも増やすい方法はないかと考え続けた。

どうしたら、マージンを増やすことができるのか。しかし、他には何も方法は思い浮かばなかった。であれば……。

The Choice

第9章

ウィン-ウィン

私は、レポートを読んでいた目を上げた。一度、頭の中を整理しないといけない。父のレポートを読む前、私はビッグブランド社側のそんな要求に下請企業が同意するわけはない、強く抵抗するに違いないと思っていた。一シーズン分の注文を全部まとめてシーズン開始の何か月も前に受けていたのを、今度は、何度も何度も小さな注文に分けて、しかも迅速に対応しろという、そんな要求はフェアではないと考えていた。下請企業にとって、何もいいことがないと思っていた。彼らにどのような影響があるのか、きちんと調べたわけではないが、そうに違いないと思い込んでいた。どうして、すぐにそうだと決めつけてしまったのだろうか。

それはこのオファーが、ビッグブランド社側による利己的な分析によるものだと考えていたからだ。自分たちの利益を増やすことだけを考え、下請企業側のニーズや利益はまったく無視したもの、そう思い込んでいたからだ。要するに、一方が自己の利益を目的に考えた場合（特にその一方が。相手より巨大で強力な場合）、その結果は他方にとってよいわけなどないと最初から思い込んでいたのだ。

だが、父のレポートを読んで、その考えに疑問が生じてきた。もしかすると、違うのではないかと。ビッグブランド社側の要求は下請企業側にとって悪いどころか、逆に好都合なのではないのかと。下請企業が自らの利益を目的に自分たちで分析を行なえば、もしかすると、ビッグブランド社と同じやり方に行き着くのではないかと思ったぐらいだ。

父は、いかなる関係にも調和が存在すると言っていた。ようやく、その意味が私にもわかりはじめてきた。もちろん、すべての関係が良好で調和がとれているわけではない。父は、そんなことを言っているのではない。いかなる関係のおいても、両者の利益につながるような変化が存在し得ると言っているのだ。両者が同じ変化を望むのであれば、当然、意見や行動も一致する。定義上、調和は存在し得るのだ。父は、そうした変化を実現することは可能だと言っているのだ。たとえいま、それがどのような変化か気づいていなくて、調和とは程遠い関係にあったとしても、そうした変化は存在すると言っているのだ。

しかし下請企業は、クライアントであるブランド企業に対してそのようなとらえ方はしていない。ブランド企業は利己的で、自分たちの利益ばかりを目的とした要求しかしてこないと思っている。だからこそ、下請企業に対して従来と違うやり方を提案する時は、相当に慎重を期さなければいけない。

まずは、下請企業のニーズをはっきりと認識する、そして下請企業にも大きな利益がもたらされることを明確に示す。もし、そういう提案の仕方ができたとすれば、下請企業はいったいどんな反応を示すだろう。私は、その様子を想像してみた。まず、ノーと言う下請企業はないだろう。ブランド企業が突然、博愛主義者に変心したなどと馬鹿げたことを考える会社もないだろう。もしかすると、何か他に条件があるのではないのかと疑うに違いない。

そこでブランド企業側は、もしやり方を変えてくれるなら、さらにお金を払ってもよいと提示する。在庫の回転数を大幅に向上できるなら、少しぐらい価格が上がっても彼らは構わないのだ。そういう提案の仕方なら、下請企業も真剣に考えてくれるに違いない。自分たちのコストが上がるわけでもなく、逆にマージンが増えることを理解してさえもらえれば、前向きに協力を検討してくれるに違いないのだ。しかし、それでも多少のプッシュを必要とするところもあるだろう。だけど、実際に価格が引き上げられれば、下請企業側のブランド企業に対する印象や、両者の関係は大きく改善、強化されるに違いないのだ。

もちろん、下請企業の中には、ブランド企業側からの提示価格をもっと吊り上げようと考えるところもあるかもしれない。しかし、自分たちにどれだけ多くの利益がもたらされるか理解できれば、ブランド側も柔軟に対応できるはずだ。

ここで鍵となるのは、これが「両者」に利益をもたらす変化だということだ。いまは好ましくない状況であっても、そのような変化を導入することで、新たな機会への扉が開かれる。それぞれが望むところを達し得ることがわかれば、そうした変化を導入するのも決して難しいことではなくなる。父は、いかなる関係においても調和は存在していると言った。もし本当にそうなら、それはまさにすばらしいことだ。いや、すばらしいだけではない。私が求める、充実した有意義な生活を送る鍵になるはずだ。

しかし、どうやって見つけたらいいのだろうか。そんな見事な変化はそう簡単に見つけられるはずがない。たとえ存在していたとしても、それを見つけるには人並みはずれた創造力が必要だ。そんな能力など、私にはない。直感もなければ、直感を変化に変えていく頭脳も持ち合わせていない。つまり、私には無理ということなのだろうか。諦めるしかないのだろうか。

だけど父は、私を含め誰にでもその能力は備わっている、十分な直感と頭脳が備わっていると言っている。父だからこそ、簡単にそんなことが言えるのだ。

父は、真の問題は、私たちに直感や頭脳が欠乏していることではなく、問題があった時に責任を他人に押しつけるところにあるのだと言う。このレポートでも、父はそう指摘している。そして、私が父に与えたシナリオ――調和のかけらさえ見つけることができそうもないシナリオを、私は父に与えた。そのシナリオの中で、私の問題は必要な変化を見つけることができるかどうかではなかった。何をどう変えればいいのか、その方法はすでにわかっていた。販売予想に基づいて一度に大量に注文する方法を、実際の消費に合わせて少しずつ迅速に対応する方法に変えればよかった。しかし、それがブランド企業だけでなく、下請企業の利益にもつながるとはまったく思いもしなかった。利己的で、アンフェアな要求だとブランド側を責めていた。それが、私の思考を妨げていたのだ。

どうやら、父の方が正しいようだ。下請企業に対する大手企業の要求は、どうせ相手の利益を無視した利己的で邪悪なものだ、という先入観が私にはあった。責任を相手に押しつけようとする先入観のせいで、私は視野を狭くしていたのだ。

父は、障害が三つあると言った。一つ目の障害は、現実が複雑だと考えること。二つ目の障害は、対立は当たり前で仕方のないことだと考えること。この二つの障害が、必要な変化を導き出す邪魔をしているというのだ。複雑そうに見える状況でも、実は常識的な原因と結果のロジックによって、ものごとは左右されているという事実を受け入れることができれば、私でも、もっとすばやく根本的な対立に焦点を絞ることができるようになるのではないだろうか。そう私は思いはじめていた。少なくとも、ある程度の直感や知識が働く自分の得意分野においてはそうに違いない。また、根本的な対立がはっきりとわかったとしても、これまでのように、それを当たり前、仕方のないことと、簡単に片づけるようなことはしないだろう。どの前提が間違っているのか、取り去るべき前提を探そうとするだろう。つまり、私でも、父のような見事な変化をどのように導き出したらいいのか、その方向を見つけ出すことができるようになるかもしれないということなのだ。

そして、三つ目の障害。なぜ父が、三つ目の障害（人には、他人を責める習性があること）をあそこまで執拗に強調していたのか、その理由もわかった。その障害が克服できなければ、たとえ見事な変化、すばらしいソリューションが目の前に用意されていたとしても、きっと見逃してしまうからだ。何ということだろう。「読んでも驚くんじゃないぞ」と父に言われたが、まさにそのとおり、すっかり私は驚かされてしまった。自分にどれだけ人を責める習性があって、そしてその習性がどれだけ壊滅的な結果を引き起こし得るのか、あらためて私は驚いていた。

では、なぜ人は他人を責めるのだろうか。その習性について、私は少し考えてみた。前にも述べたとおり、その習性の根底には、対立に直面した時に人がどのような行動を取るのか、その行動様式がある。対立に直面した時、私たち人間は妥協を見出そうとする。妥協とは、大きさの決まった一つのケーキを双方で分け合うようなものだ。では、どういう時に、双方が納得するような妥協を見出すことができるだろうか。それは、自分の分け前がどれだけであろうと、もともとそんなケーキなど重要ではないと考えている時だ。あるいは、ケーキが最初からある程度の大きさで、分けた時に多少の違いはあっても、自分にもそれなりの分け前が入ってくると思っている時だ。しかしケーキが小さい時には、状況が少し異なる。相手の取り分が多ければ多いほど、自分の取り分は少なくなる。つまり妥協とは、ウィン－ルーズ（Win-Lose＝勝者と敗者）のアプローチなのだ。私たち人間は、頭の中で常に勝つことを考えている。自己の利益を追求するようにプログラムされているのだ。だから対立に直面した時、ウィン－ルーズの状況に直面した時、人はどうしても自分を守ろうとしてしまい、相手に対して寛大にはなれないのだ。そして、その結果に満足できなければ、当然、その満足できない結果に自分を追い込んだ相手を責めるのだ。人生においても同じだ。さまざまな経験を通して、私たち人間は、対立する状況に直面した時、相手を責める習性を築いていくのだ。

では、いったいどうしたらいいのだろうか。『ものごとは、そもそもシンプルである』という考え方をすればいいのだ。対立の根底にある前提を取り除くことで、対立を解消しようというアプローチをとるべきなのだ。対立を解消することで、望ましい変化への道筋もできる。そして限られた大きさのケーキを取り合うのではなく、ケーキそのものの大きさを拡大することに集中すればいいのだ。ウィン－ルーズではなく、ウィン－ウィンのソリューション、つまり双方が勝者になる解決策を探すのだ。「いかなる人と人の関係にも調和は存在する」と、父は言っていたが、それはつまり、どのような関係にもウィン－ウィンのソリューションが必ず存在するという意味なのだ。なかなかいい調子だ。この言葉にもだんだん慣れてきた。

その父の信念は、別のアプローチにもつながる。つまり、いかなる関係においても、双方の利益につながる変化が存在する、という考えをもってスタートすべきというアプローチだ。実際に、そんな変化が存在するかどうかは問題ではない。重要なのは、窮状を呈した関係に直面した時、相手を責めるのではなく、ウィン－ウィンの変化が必ず存在すると信じて取り組むべきだということだ。もし相手を責めることをよしとすれば、私たちは感情にコントロールされ、視野を失ってしまう。そうなったら、もはや、調和を促すような変化を探し求めようなどと考えることはなくなってしまう。つまり、双方が納得するような妥協が見出せない状況においては、父の忠告に従った方が賢明ということだ。父の忠告に従えば得るものはあったとしても、決して失うものはないからだ。

父のアプローチは、哲学的なアプローチではない。まさに実用的なアプローチだ。ようやく、この考えに私も違和感が薄れてきた。

ウィン－ウィンのソリューションを探すということは、取り除くべき前提を見つけ出すということだ。それはそう簡単なことではない。しかし、これまでに得られた新たな理解をもってすれば、もしかするとその近道が見つかるかもしれない。

ウィン－ウィンのソリューションが見つかれば、ケーキの大きさそのものを拡大できるのだ。ケーキが大きければ大きいほど、自分の取り分も増える。つまり、自分の取り分を増やしたいのであれば、ウィン－ウィンのソリューションを探すことに全神経を集中すればいいのだ。しかし、人間は無意識でいると、常に自らの利益を優先させてしまう。ゆえに、ウィン－ウィンのソリューションを構築しようという時は、まず相手の利益を優先させなければいけない。そうすることが、ウィン－ウィンのソリューションを見つけ出す可能性を高めることにつながるのかもしれない。

しかし、残念ながら、ものごとはそう簡単に運ばない。例えば、下請企業の場合を考えてみよう。最初に相手、つまりブランド企業の利益を優先させるということは、価格の引き下げに応じるということだ。これは、下請企業が望んでいることとはまったく反対のシナリオだ。つまり、単に相手の利益を優先させるだけでは、対立は解消できない。むしろ、対立のど真ん中に自らを放り込むことになってしまう。自らを敗者にしてしまうのだ。

束の間の喜びがかき消され、私は失望感を覚えた。ウィン－ウィンのソリューションのアプローチを辿れば、正しいスタート地点に立てると期待していた。しかし、そうはいかなかった。何かが間違っている。私は大きく息を吸い込んで、もう一度父のレポートを読みはじめた。

思っていたとおり、父は、ウィン－ウィンのソリューションを構築する際、やはり相手の利益を先に優先させていた。しかし、それは対立の中で勝つことではなかった。より重要度の高い別の利益《ウィン》を、父は探していたのだ。例えば、父が最初にスタート地点に選んだのは、在庫を誰が抱えるかということだった。ブランド企業は、自分たちで大量の在庫を抱えることは望んでいない――「下請企業が彼らに代わって在庫を抱えてくれる――それ以上に彼らが喜ぶことがあるだろうか。それは仕入価格の引き下げと同じくらい、彼らにとっては魅力的なことなのだ」と、父は記しているではないか。

下請企業にとってのウィンは、価格を引き上げること。それを可能にするソリューションが必要だと、父にはわかっていた。そこで、仕入価格の引き下げ以上にブランド企業が喜ぶものは何かないかと探しはじめたのだった。そして、父が見つけたのが在庫の回転数向上だった——「事実、ブランド企業はどこも、何とかして在庫の回転数を上げようと苦慮している。であれば、これは彼らにとって非常に魅力的なはずだ。これをうまく活かすことができれば、下請企業もマージンを増やすことができる」

自分たちのウィンを大きくしたければ、相手のウィンももっと大きくしてあげなければいけない。相手が考えているよりもはるかに大きなウィンだ。しかし、そのようなウィンを見つけることは、はたしていつでも可能なのだろうか。

もし、そのようなウィンが存在するとするなら、なぜ相手は最初からそれを求めてこないのだろうか。それほど重要なことなら、なぜ要求してこないのだろうか。

そして、私はあることを思い出した。前に述べたことだが、人は、慢性的な大きな問題、解決するのはもう無理だと諦めてしまった問題をカモフラージュしようと、ある種の防衛メカニズムを構築してしまう。そうしたメカニズムができあがってしまうと、人の期待感というものは低くなってしまう。そして、人は大きなニーズに対して鈍感になってしまう。そのようなニーズを満たす方法などあり得ないと期待感は低く、あえて求めようとはしないのだ。

なるほど、準備ができていない人は、まわりに機会がいくらあっても、それに気づくことがないと父が言った理由が、いまになってはっきりわかった。相手は、その防衛メカニズムのためにまわりがよく見えていないのだ。相手のことを本当に理解しようと思えば、かえって本人よりも、まわりの人の方が、相手の大切なニーズをいかにしたら満たすことができるのか、よくわかるのかもしれない。しかし、相手に対して興味がない場合、相手が時間と労力を費やして知りたいと思うような人でなければ、そうはいかない。そんな相手と良好で調和のとれた関係を築けるはずなどないのだ。そんなことができるとは、誰も——私の父でさえ言っていない。

これで、すべてがうまくつながった。まったくの驚きだ。人と人とのいかなる関係にも調和は存在するという信念。そして、ウィン-ウィンの概念。また、相手が求めているよりもずっと大きなウィンを探し出すところからスタートするアプローチ。加えて、カモフラージュされた問題を通して、より大きなウィンを探し出す能力。これらの概念は、どれもが互いを補完している。すべてが同じ構図の一要素なのだ。

調和とは「心地よい矛盾のない状態を形成する質」。父は、科学者たちが自然界の調和のすばらしさを語っていると言っていたが、その意味がようやく私にもわかった気がする。

なかなかの気分だ。晴れわたった空のように爽快な気分だ。

そして、いまの私に必要なのは、明晰に考える能力を磨くこと。私は、再び父のレポートの先を読み続けた。新しい理解をもってすれば、もっと簡単に理解できるかもしれない。

The Choice

第10章

<ゴールドラット・レポート>

決して、わかったつもりになるな Part2

どうしたら、もっとマージンを大きくすることができるだろうか。どうすれば、クライアントであるブランド企業から、もっと大きなマージンを得ることができるのだろうか。私には、他にいい方法が何一つ思い浮かばなかった。それなら、ブランド企業を飛び越え、直接、小売店に販売するというのはどうだろうか。

しかし、これは下請企業にはふつう通用しない。そのためには、まったく違う会社をもう一つ新たに作るぐらいの労力が求められるからだ。ブランド企業に指示されたデザインどおりに布地を裁断、縫製して服を作るのと、目まぐるしく変わり続けるファッションに合わせて年に三回、次々と新しいコレクションをデザインして出し続けるのとではまったく違う仕事なのだ。まるっきり違う能力が求められるのだ。しかしこの会社の場合は、すでにその能力は持ち合わせている。独自のコレクションを持ち、自国では大手ブランドを相手に、そこそこの競争を見せている。事実、スポーツ・アパレルでは、自分たちよりはるかに大きなブランドを差し置いて国内第三位の販売実績を誇っている。ということは、マージンを増やすには、小売店への直販にもっと力を入れればいいということではないのだろうか。しかし、自国ではすでに主要地域すべてに店舗展開していて、これ以上小売店の数を増やすのは簡単ではない。となると、直販を今後さらに伸ばすには、国外の小売店にその販路を求めなければいけない。ブランド企業が、下請企業から仕入れた商品にどれだけ利益を上乗せしているかを考えれば、マージンを大きく増やすことも無理な話ではないはずだ。

そんなこと、当たり前のことではないのだろうか。しかし、少し気をつけなければいけない。こうした問いには、慌てて答えを出してはならないことを自らの経験を通して、私は学んできた。よくできたソリューションというものには、どれも共通したところがある。それは、どれもごく当たり前のことで、最初からわかっていそうなことだということだ。しかし、それに気づくのは、いつもソリューションができあがってからのこと。ソリューションを完成させて、いつもなぜこんな当たり前のことにもっと早く気づかなかったのだろう、こんなに時間を無駄にしてしまったとがっかりするのが常なのだ。

しかし一方で、私は人の経験や直感は、実に凄いものだと思うようになった。いや、敬意さえ払っている。できあがったソリューションが正しければ、できあがったソリューションが本当に当たり前のことなら、なぜもっと前からそのソリューションを使っていなかったのだろうと思うのだ。それは、間違った前提が当たり前のこと、疑う余地もないこととしてまかり通って、そのソリューションを撥ねつけてきたからだ。試みることさえ許してこなかった。つまり、そうした間違った前提を明確に見出せなければ、そのソリューションが当たり前のことなのか、あるいはまったく馬鹿げた考えなのか、はっきりとは誰にもわからないのだ。

　では、この会社の場合はどうだろう。なぜ、これまで自国以外で小売店に直接販売しようとしてこなかったのだろうか。その理由の一つは、知名度だ。自国ではそれなりに知名度があっても、国外ではほとんど知られてはいない。要は、ノンブランドなのだ。知名度を高めるには、時間とお金がかかる。ものすごく多くのお金がかかる。市場が大きければ大きいほど、お金はかかる。それなりの規模の国でブランド名を確立することは、同社の現在の経済的能力、マネジメント能力をはるかに超えた作業になるのだ。

　しかし、なぜブランド名を持つことが、こうも重要なのだろうか。なぜ、ブランド名が確立していない地域で、小売店に自分たちの商品を販売してもらうよう働きかけることが経済的に見合うことではないと考えるのだろうか。

　おそらくそれは、小売店が、知名度の高いブランド商品の方がよく売れることを知っていて、あまり売れそうもないノンブランド商品を仕入れて、わざわざリスクを抱えることに消極的だからだろう。その理由はまったく理に適っている。小売店にとっていちばんの制約は、商品の陳列スペースだ(もちろん、キャッシュもだが)。売れそうもない商品を抱えるということは、本来最大活用すべきその制約を無駄にすることになってしまう。その結果、売上げ全体も減ってしまうのだ。

ではこの先、いったいどのように進めていったらいいのだろうか。アプローチの仕方は二つある。一つは系統立てて論理的、綿密、慎重に進めていく方法、もう一つは、大胆かつ果敢だが、なお論理的な方法だ(実際には、他にも方法はたくさんあるが、どれも論理的な方法ではないので、ここでは無視することにする)。

さて、アメリカの詩人ロバート・フロストの書いた『行かなかった道』という詩を知っているだろうか。

黄色く染まった森の中で　道が二つに分かれていた
残念だが二つの道を行くことはできなかった
長い間立ち止まって
私は一方の道を眺めていた

下生えの中　曲がっている道をどこまで続くかできるだけ遠くまで

では、まず綿密で慎重な方の道の先を眺めてみよう（慎重なのは、時として非常に退屈になりやすい。もう一方の大胆でエキサイティングな道の方へ進むまで、どうか居眠りしないように願いたい）。

小売店は、ノンブランド商品をあまり抱えたがらないものだが、実際には多くの小売店がノンブランド商品を扱っている。この会社のマネージャーもそのことは知っているはずだ。つまり、国外の小売店に直販することが可能であることもわかっているはずなのだ。しかし、実際に試みようとはしない。本当に利益が出るかどうかわからないからである。利益どころか、損をするのではないかと考えているからだ。しかし、本当にそうだろうか。慎重に検証してみよう。もし本当にそうであるなら、国外の小売店への直販は諦めるしかない。それしか選択肢は残されていないのだ。

まず委託販売という方法が考えられるが、これはどうだろうか。ノンブランド商品を仕入れるのは危険すぎるという理由で、小売店が扱いたがらないのであれば、委託販売にして小売店側のリスクを軽減してあげればいい。しかし、これはあまり感心できる方法ではない。委託販売は、サプライヤーにとって非常にリスクが高い。期末になると、多くの商品が送り返されてくる可能性が高いからだ。小売店にとっても、あまり賢明な方法ではない。委託販売であろうがなかろうが、あまり売れない商品が店舗の陳列スペースを占めるのは、店の売上げに悪影響を及ぼすからだ。

もちろん、ノンブランド商品を扱っている小売店は、売れない商品の在庫を多く抱えすぎると、どういうリスクがあるのかはわかっている。そのリスクを減らすために、消費者への価格を低く抑えようとする。競合するブランド商品の価格に比べ、大幅に価格を低く設定して販売するのだ。しかし、それでもマージンはしっかりと確保する必要はある。そのために、ノンブランド商品は、安い価格でサプライヤーから仕入れようとするのだ。そうした小売店側のニーズに、この会社は、利益を確保しながら、どこまで価格を下げることができるだろうか。

例えば、小売店がノンブランド商品を、ブランド商品の半分の価格で販売するとしよう。しかしノンブランド、ブランドどちらの商品であっても利幅は同じだけ確保したい。そうなると、ノンブランド商品に対しては、ブランド商品の仕入価格の半分しか支払おうとしなくなる。ブランド商品の仕入価格の半分といっても、それでもなお、ブランド企業が下請企業に支払っている価格よりは高い。ということは、小売店に直接販売することで、ブランド企業に販売している時よりも数倍大きなマージンが得られることになる。

しかし、慌ててそんな結論を出すのはやめておこう。この会社のマネージャーたちも、多くの経験や直感を持ち合わせている。もしそんな当たり前のことに気づいていないのだとしたら、それはきっと、前提が間違っているからだ。前提が間違っていなければ、そんな当たり前のことに気づかないはずがない。この会社に関して、我々に何か間違った前提などあっただろうか。

いや、ない。

ということは、それ以外の何かが間違っているということになる。先ほどの計算をするうえで、何か重要なことを見落としているに違いないのだ。

予想マージンの計算根拠となっている前提とはいったい何だろうか。小売店への販売価格は、小売店が同等のブランド商品へ支払う価格の半分を下回ることはないというのが、その前提だ。この前提は、正しいのだろうか。

前述したとおり、この会社は自国では一応ブランド企業だが、自国以外ではノンブランド企業だ。特筆できるような競合優位性は有していない。自国以外で商品を販売しているノンブランド企業は、この他にもあるだろうか。もちろん、数多くある。小売店のバイヤーからしてみると、こうした競合優位性を持たないノンブランドは安い仕入価格を捻り出す絶好の相手なのだ。彼らは、仕入価格を下げるプロだ。価格戦争という現実の環境において、彼らを相手に、本当にブランド商品の仕入価格の半分の価格で、小売店に販売できると思っていいのだろうか。質問の仕方を変えてみよう。ノンブランド企業は、儲かっているのだろうか。大きな利益をあげているだろうか。いや、そこそこの利益をあげているところはあるだろうが、なかなか思うように利益があがらないところや、潰れていく会社も多くある。大成功して巨万の富を築いたノンブランド企業の話など聞いたことがない。ニッチの市場で特に優れた競合優位性を築いて成功しない限り、そんなことはとうてい望めないのだ。要は、ブランド商品の半分の価格というのは楽観的すぎるかもしれないということだ。

前述の詩の一節に「下生えの中　曲がっている道」とあるが、いったい向こうには何が隠されているのだろうか。とにかく調べてみるしかない。小売店がノンブランド商品に、いったいいくら支払っているのか、小売店に販売するためにどれだけの営業コストがかかっているのかなど、とにかく調べてみよう。そのためにはもちろん時間と労力、そしてお金も多少かかるかもしれない。しかし詳しく調べてみることで、実際に、実現可能な方法だと判断を下せるかもしれないのだ。

さて、今度はもう一方の道だ。大胆な方の道を辿ってみよう。

前にも述べたが、小売店がノンブランド商品に対して消極的なのは、ブランド商品よりも売れ残るリスクがずっと高いからだ。そのリスクが軽減できれば、例えば、ブランド商品を扱う時のリスクよりも小さくしてあげることができれば、小売店も安心してノンブランド商品を扱えるようになるはずである。これは大胆な発想である。しかし、本当にそんなことが可能なのだろうか。

この問いに答えるには、まずブランド商品を扱う時の小売店のリスクがどれだけなのかを知っていなければいけない。

ブランド商品を仕入れる時、小売店には何かリスクがあるだろうか。もちろん、大きなリスクがある。たとえブランド商品といえども、あまり売れない商品もたくさんある。動きが遅くて、売れるまで数か月かかる商品もある(約三〇パーセント)。

そして、期末のクリアランスセールで、損を出して処分しなければいけなくなってしまうのだ。

では、販売予想ではなく、実際の売れ行きに応じて商品を仕入れることを小売店に認めさせ、売れ行きの悪い商品は引き取って全額返金するとしたらどうだろうか。そうすれば、小売店のリスクは最小限にまで軽減することができ、同時に店舗の陳列スペースを最大活用することができるようになる。もしそのようなサービスが提供できれば、小売店の利益には大きな効果がもたらされるはずである。いったいどの程度、効果があるのだろうか。

品切れが減ること、そして売れ筋商品が十分確保できることから、売上高は大きく増加すると見込まれる。その増加率を、控えめに見積もって五〇パーセントだけだとしよう。これは、人件費や店舗の諸経費などを一切増やすことなく見込める増加だ。その場合、利益はどうなるのだろうか。小売店の利益は、いったいどれだけ増えるのだろうか。一般的に小売店では、仕入れた商品に一〇〇パーセントの利幅を乗せて小売価格としているが、五パーセント以上の売上高利益率をあげている小売店は実は少ない。そうした小売店にとって、売上げが五〇パーセントも増えることとは、従来のサプライヤーから購入した商品と比較して、利益が少なくとも五倍は増えることを意味している。

商品のことを事細かに説明するのではなく、このやり方をすると小売店側にどのようなメリットがあるのかを論理的にはっきりと示すことができれば、特定のブランドだけを扱っているところを除いて、ほとんどの小売店がこのオファーを受け入れるに違いない。最初は試しに少しだけしか置いてくれないかもしれないが、すぐにその規模は拡大し、喜んで扱ってもらえるようになるのだ。

しかし、そのためにいったいどれだけの投資が必要とされるのだろうか。ただし、ここで注意したいのは、この努力は、一か所の倉庫からカバーできる人口密集地域に集中すべきであるということだ。そうすれば、さほど大きな在庫投資も必要としない。大幅な増加が見込まれる売上げ、利益に比較すれば、必要とされる投資も無視できるほどささいなものになるはずである。

どうやらこのアプローチがうまくいきそうなのは間違いないようだ。しかし、小売店へノンブランド商品を直販しようと、その方法を模索してきたのは私たちだけではないはずだ。これまでにも多くのところがソリューションを追い求めてきたが、すべて失敗している。なぜだろう。なぜ、彼らは失敗しているのに、私たちはソリューションを見つけることができたのだろうか。

彼らは、ブランド商品を購入する時のリスクと、ノンブランド商品を購入する時のリスクのギャップをどのようにしたら埋めることができるのか、その方法を見つけ出そうとしたのだ。しかし、私たちのアプローチは違う。不可能と思えるほどのレベルまで、チャレンジを拡大し、ギャップを小さくするのではなく、その大きくなったギャップを逆手に取ることに挑んだのだ。

森の中　道は二手に分かれている
そして私は――
私は　誰もが選ばない道を選んできたのだ
そしてそのことが　すべてを変えた

The Choice

第11章

機会はいくらでもある

今回の父のロジックは、さほど難しくはなかった。最初から、何をしようとしているのか、はっきりとわかった。予想どおり、父は、まず相手、つまり小売店のウィン（メリット）を優先した。いかにしたら、小売店に大きな利益をもたらすことができるのかを模索したのだ。小売店にとってのウィンとは、仕入価格を引き下げることだけではない。これに気づくかどうかが、実は鍵なのだ。そのウィンに気づき、それを満たす方法を見つけることが重要なのだ。

この会社にとって、いまや小売店への直販は、ブランド企業への販売に加え新たな有力販路だ。さて、他にも何かいいソリューションはないだろうか。きっとあるに違いない。レポートの中で、父は新たな知識の発見が三つあったと語っている。そのうち二つはレポートに詳しく説明してあったが、残りの一つはまだ見ていない。三つ目は、どこにあるのだろう。

父のことだ。きっとどこかに紛れ込ませているに違いない。そして、誰かが「三つ目のソリューションはどこ?」と訊いてきたら、自分で見つけ出させようとするに違いないのだ。その方法を教えようとするのだ。父のことはよくわかっている。そんな悪戯っぽいことが、父は好きなのだ。きっと、三つ目のソリューションを見つけ出す道筋もある程度つけてあるのだろう。でなければ、そんな意地悪はしない。

私にできるだろうか。いったい、どこから探しはじめればいいのかさえわからない。そんなこと、無理に考えてもいい答えなど思い浮かびもしない。そう思って一生懸命考えるのをやめた途端、答えが見えはじめた。私は戦略のエキスパートになろうとは思っていない。元に戻ればいいのだ。『充実した有意義な人生を送るためには、明晰な思考が必要。では、どうしたら明晰な思考ができるようになるのか』――この問いの答えを父から捻り出すことに集中すればいいのだ。父のレポートを読んで、いったいここまで何がわかったのだろう。

私の視線は『決して、わかったつもりになるな』というレポートのタイトルに釘づけになった。どうしてだろう。あるソリューションを実行して、もしそれがうまくいったら、もし状況が著しく改善したら、「わかっている」と、堂々と胸を張って言ってもいいのではないだろうか。

父は、使う言葉には慎重だ。はっきりとした意図がなければ、安易に「決して」などという強い言葉は使わないはずだ。

なぜ『決して、わかったつもりになるな』なのだろうか。「わかっている」と過信してしまったら、そこで進歩が止まってしまうからだろうか。もっとよくしようという改善努力をそこでやめてしまうからだろうか。
そんなことはない。どんな状況でも改善する余地は常にいくらでもある。たとえ「わかっている」と思ったとしても、そんなこと誰にでもわかるはずだ。何かとても大事な理由がなければ、警告めいたそんなタイトルを父がつけるはずがない。

改善——もし、システムをどこまでも改善し続けたら、すばらしいシステムができあがるはずである。しかし、それでもまだ改善の余地はある。ただし、改善努力を始めた最初の頃ほどの劇的な改善は望めない。収穫逓減の法則だ。しかし、父の場合は少し違う。父が改善努力の話をする時は、いつも大きなブレークスルーについてだ。それまでとはまったく違う未知の領域、高い次元を切り開くような話なのだ。
「わかっている」と思うと、直感や頭脳をあまり働かさなくなってしまうからだろうか。そうに違いない。すべてうまくいっている、知り得ることはもうすべて知りつくした、あとできることは、磨きをかけることぐらいだなどと思っている人は、わざわざ時間と労力をかけてブレークスルーを探すようなことはしない。しかし、収穫がだんだんと逓減していっても、それで満足してはいけないと、父は考えている。だから、決してわかっているなどとは言うなと警告しているのだろうか。次のブレークスルーがいつもすぐ先で待っているから、現状で満足するなと言っているのだろうか。

私は、少し自分の考えが先走りしすぎているように思えた。すでに良好な状況を、どうすればもっと改善できるか考えるより、もっと普通の状況——明らかに改善する余地がいくつも残っている普通の状況の改善方法に的を絞るべきではないだろうか。最初の三つの障害を系統的にどうやって克服したらいいのか、どうやって有意義な機会を掘り起こしたらいいのか、そして掘り起こした機会をいかに成功に結びつけたらいいのかに集中すべきなのではないのだろうか。

その方が賢明かもしれない。しかし、私は自分の好奇心を抑え切れない。どんな状況でも、改善する余地などほとんどなさそうに見える良好な状況でも、本当にさらなる次元へ高める方法がどんな時でもあるのかどうか、私は考えずにいられない。もしあるなら、本当にすばらしいことだ。その意味合いは、私の想像をはるかに超える。最高の機会というものは、大きな障害、困難な状況を克服した時に与えられるものだ、と私は思っていた。しかしどんな状況、すでに何の問題もない良好な状況でさえ、著しく改善することができるのであれば、好機というのは私たちのまわりに常に存在していることになる。

充実した有意義な人生を送るために、人にはそれぞれ自分に合った好機が必要だ。つまり、そんな好機はいくらでもあるというのだ。ほんの少し前まで、私は、自分に合った好機など稀だと思っていた。しかし、もし『決して、わかったつもりになるな』の意味が私の思っているとおりだとするなら、そして、いかなる状況でも改善し得るということであるなら、私たちのまわりには好機がいくらでも存在している、そう父は言っていることになる。本当にそうなら、すばらしいことだ。

もしかすると、これは私の勝手な解釈かもしれない。根拠もなく、勝手に砂上に楼閣を築こうとしているだけなのかもしれない。自分の解釈が正しいかどうか、きちんと父に確認した方がよさそうだ。

もしかすると、また別のレポートを見せてくれるかもしれない。楽しみだ。

The Choice

第12章

＜ゴールドラット・レポート＞
販売期間の短い製品

すでにTOCのソリューションに沿った
オペレーションを行なっているビジネスには、
もはや提案できることは何もないのだろうか?

2007年3月に、
ゴールドラット・グループに実際に提出されたレポート。
ただし、本書の目的に合わせて、
一般読者でも理解しやすいように若干の修正が加えられている。

先週、私はある会社を訪問した。小麦粉とトウモロコシを生産している比較的規模の大きな会社だ。この会社は、小麦、トウモロコシを原材料として他のメーカーにバルクで販売しているほか、小売店へも五〇〇グラム～二キロ半入りのパッケージで消費者向けの商品を販売している。しかし、同社が販売している製品の中で、いちばんマージンの大きな製品はパンだ。製パン工場八か所で製造し、会社全体の売上げの三〇パーセントを占めている。マージンの小さな製品より、マージンの大きな製品の販売を増やした方が、効果は大きい。当然のことながら、二年前にはじめてこの会社を訪れた時、私の関心はパンの売上げを伸ばすことに注がれた。

パンはコンシューマーグッズ、いわゆる一般消費財だ。一般消費財に用いることのできる適切なTOC（制約理論）のソリューションと言えば、「流通ソリューション」だ。これは、注文や配送の頻度を増やすことを基本としたソリューションだ。週一回、あるいは月一回という環境が当たり前の中で、一日一回まで頻度を高めれば、品切れなどの問題が解消されることは学んだ。それ以上頻度を高めたとしても、さらに売上げが伸びたり、売れ筋商品をそれ以上十分に確保することにはつながらない。私たちは、そのことを自らの経験で学んできた。しかし、それは普通の商品の話だ。パンは少し違う。パンは、すでに毎日、工場から店舗へ配送されている。

頻度は、もうすでに十分のはずだ。ということは、流通ソリューションに従えば、もう他にできることはないということなのだろうか。もしそうなら、パンの売上げを増やすことは諦めて、配送頻度がまだまだ少なく、マージンも少ない他の商品に努力を向けることに注目しなければいけない。しかし、そう簡単に諦めていいのだろうか。もう少し考えてみてはどうだろう。そこで、まず素朴な疑問だが、なぜパンは毎日配送されているのだろうか。

それは、パンの賞味期限が短いからだ。

賞味期限の短い商品の特徴は、新鮮さだ。新鮮さが売りの商品は、賞味期限が短いのだ。私が海軍に従軍していた時のことだが、コックに「焼きたてのパンを食べたい」と言ったら、「焼きたてなら、また明日おいで」とよく言われたのを覚えている。

確かに今日焼いたパンと、昨日焼いたパンとではずいぶんと味が違う。三〇分前に焼きあがった、まだ暖かさの残っているパンと、二時間前に焼かれたパンとでもずいぶんと違う。しかし、二時間前に焼かれたパンと、八時間前に焼かれたパンはどうだろうか。たいした違いはない。つまり、オーブンから取り出してすぐに販売するのでない限り、消費者の立場からすると、一日一回の配送で十分なのだ。

しかし、本当にそうなのだろうか。この会社の場合も、配送は一日一回で十分だと考えていいのだろうか。そう結論づける前に、賞味期限の短い商品が小売店にとってどのような影響を与えているのか、よく考えてみよう。例えば、まず、今日売れ残ったものは、明日になったら、もう売ることはできないと仮定してみよう。つまり、売れ残って一日経ったものは廃棄しないといけないということだ。しかし、これでは少し厳しすぎるかもしれない。そこで、もう少しシナリオを甘くして、今日売れ残ったものは、明日売れる可能性が低くなるとしておこう。だが、売れ残ったものを商品として並べておくと、消費者の店に対する印象は悪くなる。

この会社のパン製品は、スライスされてビニールで包装されている。賞味期限は四日で、日付はパッケージにはっきりと印刷されている。法律で賞味期限の表示が義務づけられているからだ。賞味期限は四日、しかし消費者は賞味期限に敏感——となると、この会社には二番目の、やや甘い方のシナリオを当てはめることができる。

しかし、たとえ商品を常に店頭から切らさないようにと思っても、一日以上経過した古いパン、つまり前日の売れ残りを店頭に並べておくことは、あまりパン店にとっていいことではない。毎日、毎日どれだけパンが売れるかはわからない。売れ残りを出したくないと思うパン店は、当然保守的になり、控えめにしか注文を出さなくなる。その結果、閉店時間近くになると、店頭からパンがほとんど消えてしまうという事態が生じる。ということは、一日一回の配送でも足りない、配送の頻度をもっと高めることで、売上げを増やすことができるかもしれないと考えられる。

しかし、いったいどれだけ増やすことができるのだろうか。

それは、その店がどれだけ保守的かによって決まってくる。閉店間際のパン店を想像してほしい。パンはほとんど売り切れて、おいしそうなパンはもうあまり残っていない。そうであるなら、配送を一日二回に増やすことで、売上げはそこそこ伸びると予想される。パン店の場合、品切れは主に午後に発生するが、需要のほとんどは朝だ。そのため、売上げの増加は多くて三〇パーセント、それを超えることはないと予想される。たとえ一〇パーセント未満であったとしても、驚きはしない。

しかし、このように配送頻度を変えることは、もちろんコストにも影響を及ぼす。パン製品のマージンは、売上げの四〇~五〇パーセント程度。配送コストは、売上げのわずか三~五パーセント。つまり、売上げが一〇パーセント以上増えれば、会社の配送コストが倍になったとしても、純利益は増加が見込めるのだ。*

*パン店は、開店時に商品をすでに店頭いっぱいに並べておくために、製パン会社に対して朝一の商品配送を求める。これに対応するために、同社の製パン工場は戦略的に全国各

地に配置されており、発送作業はすべて数時間のうちに行なわれる。配送用のトラックは一日の大半を使われずにいるため、配送の頻度を一日二回に増やしたとしても、配送トラックを追加する必要はおそらくない。

生産面はどうだろうか。生産面でも、需要を一日二回に分けることは、マイナス面よりもプラスの効果のが大きい。つまり、操業モードを一日二回の配送に切り替えることで、売上げがどれだけ増えるか、それにすべてがかかっているということだ。もし売上げが一〇パーセント以上増えれば、まずまず。三〇パーセント近くまで増えれば、二重丸だ。

計算の速い人なら、なぜ三〇パーセントで二重丸だろうと思うに違いない。パン製品が売上げ全体に占める割合は三〇パーセント。その売上げが三〇パーセント増える。また、パン製品の原材料費は販売価格の約半分。となると、利益増は0.3×0.3×0.5＝0.045という計算になる。つまり、売上げ全体のおよそ五パーセントだ。しかし、たかだか五パーセント程度の利益増では、飛躍的な伸びなどとは言えないはずだ。

しかし、三〇パーセントの伸びはやはり二重丸なのだ。前述したとおり、「毎日、毎日どれだけパンが売れるかはわからない。売れ残りを出したくないと思うパン店は、当然保守的になり、控えめな注文しか出さなくなる」。実は、これが鍵になるのだ。どうしてそれが鍵なのか、どうしてそれが飛躍的な伸びの鍵になるのか――それを理解するには、パンの需要がなぜ毎日変動するのか、その不確実性の理由を理解しなければいけない。

たとえば、一日五〇斤売れるパンがあったとしよう。日によっては、六〇斤売れる日も、四〇斤しか売れない日もある。しかし何か特別な理由がない限り、それがいきなり二〇斤しか売れないなどとは普通、誰も予想はしない。つまり常識的に考えれば、一日の販売量の変動は、二〇パーセント程度に納まるはずなのだ。しかし、一日に五個しか売れないパンだったらどうだろう。その場合は、一、二個しか売れない日があることも、十分想定できる。つまり変動幅がもっと大きいということだ。一日あたりの販売量が少なければ少ないほど、販売量の予想における不確実性が大きくなるということなのだ。ゆえに、販売量が少ない商品の注文に関しては、パン店は非常に保守的になりやすい。あまり販売したことのない商品についても同様だ。どうしても保守的になってしまうのだ。

それが、この会社の状況とどういう関係があるのだろうか。

誰もがパンを口にする。パンは誰にとっても経験豊富な商品なのだ。そのパンにもいろいろ種類があって、クロワッサンやブドウパンなどの高級パンが、普通のパンよりずっと値段が高いこともみな知っている。値段に三倍、四倍の差があったとしても、原材料自体にはそれほど大きなコストの差がないこともわかっている。当然、高級パンのスループットは、普通のパンよりずっと大きい。しかし毎日の販売量は、普通のパンよりずっと少ない。加えて、この会社が新しい高級パンを発売した時は、パン店側もその商品にはまだ慣れていないわけで、当然、そうした保守性によって新しいパンの販売をためらったり、また、販売したとしても、その数量は極めて少なかったりするのだ。

しかし、もし一日二回配送することで売上げが三〇パーセント増加するなら、一日二回の配送が、パン店の保守性への対応策として非常に効果的だということ意味する。高級パンの大幅な売上げ増に扉が大きく開かれることを意味するからだ。また、高級パンは、普通のパンよりスループットがずっと大きい。そのことを考えれば、高級パンについては、売れ残ったパンを全部引き取り、全額返金するというサービスも可能だろう。そうすることで、パン店の保守性をさらに緩和することができるはずだ。高級パンを一つ売ることで、二つ分の返品をカバーできるのだ。

では、これまでのロジックを辿って、配送頻度を一日二回にすることがいったいどれだけの効果をもたらすのか、あらためて確認してみよう。まず、普通のパンの売上げ増が三〇パーセントだとしたら、商品の配送を一日二回にすることで、パン店の保守性は効率的に解消できたと考えていいだろう。高級パンの一日の販売量は、普通のパンよりずっと少ない。ということは、現状、パン店の保守性は、普通のパンより高級パンの方により大きく影響しているということだ。逆に考えれば、その保守性を取り除くことで、普通のパンより、高級パンの売上げがもっと大きく増えるということになる。その売上げ増は、普通のパンの二倍は見込めるはずだ。加えて、高級パンの新商品の投入が容易になり、売上げはさらに増える。その増加に高級パンのスループットを乗じてみる。結果は、現売上高の五パーセント程度の利益増どころではない。もっと大きな利益が見込めるはずだ。

しかし、頭の中で考えているだけではダメだ。テストを行ない、本当にそのような効果が望めるのかきちんと確認してみる必要がある。都市圏のスーパーマーケットから郊外の家族経営のパン店まで、それぞれのセグメントを代表する店舗を対象に包括的にテストを行なう必要があった。しかしそこまでは、まだパン製品からの利益増についてしか考えていなかった。しかし、この会社が販売しているのはパンだけではない。そこで私は、小麦粉などの粉製品についても検証を行なった。

こちらは、すでに準備万端だ。小麦粉などの粉製品の配送の頻度を現在の週一回（多くの小売店へは月一回）から、一日一回に増やすことで、売上げは確実に増加し、同時に小売店が抱える在庫の量も著しく減らすことができるはずだ。それは、小売店と新たな関係を築くための礎を用意し、その新たな関係によってさらに多くの小売店へとビジネスを拡大することが可能になる。一店舗あたりの売上げは増加し、同時に、取引する店舗の数も拡大する。この二つを達成するだけで、十分、飛躍的な成長、我々の言うところのバイアブル・ビジョン（Viable Vision）が達成できるはずだ。

既存のインフラは、予想に基づいた小売店からの注文に応じて供給するというシステムになっている。もちろん、これを実際の消費量に応じて供給するというシステムに転換するには、多くの面において多大の変化が求められる。例えば、工場では、現在、顧客からの注文に合わせた生産体制が敷かれており、予備のために内部在庫も生産されている。このような、生産現場のフル稼働を前提とするメンタリティを、より難易度の高い、実際の消費に迅速に対応する操業モードに変えていかなければいけないのだ。

流通にも大きな変化が求められる。これまでの「プッシュ－プル」モードから実際の消費に合わせた補充モードへ切り替えなければいけない。プルではなく工場からの「補充」、プッシュではなく小売店への「補充」へと切り替えなければいけないのだ。劣らず重要なのが、管理システムだ。一つひとつのＳＫＵ（在庫管理を行なう場合の最小単位）、つまり各アイテムの目標レベルを常時モニターするためのシステムを導入しなければいけない。

そして、もちろんいちばん大きな変化が求められるのは営業だ。これまでのように、もっともっと買ってください（特に月末、また四半期末）と常にプッシュする営業スタイルから、小売店の真のニーズ（適正在庫を保ち、実際の消費量に合わせて商品を補充することで、在庫の回転率を向上させる）に合わせたパートナーシップ構築型の営業スタイルへ移行しなければいけない。しかし、それはそうたやすいことではない。

このバイアブル・ビジョン・プロジェクトが始まってから一年余り。その間に、必要な準備はすべて整った。製パン工場では、全種類のパンを生産する生産サイクルが、それまでの二四時間から八時間に短縮され、同時に焼くことのできるパンの数量も増えた。つまり、最初のパンが焼きあがってオーブンから取り出されてから、各店舗が必要とするすべての種類のパンをトラックに積み込んで工場を出発するまでの時間が、二四時間から八時間に短縮されたのだ。こうして、供給できるパンの種類も大幅に拡大できる体制が整った。

また製粉工場では、消費量に合わせた生産体制が可能であることが示されたばかりでなく、工場の有効生産能力も拡大された。製パン工場、製粉工場にはともに、コンピュータ化された生産システムが導入され、ただ単に問題なく稼働しているだけでなく、生産現場の担当者らによってフルに活用されている。これは、実に大きな成果だ。

倉庫の補充状態も格段に向上した。在庫は減少し、しかも品切れも著しく減った。言葉で言うと簡単だが、そう簡単に実行できることではない。

しかしいちばん重要なのは、実際にテストが行なわれ、その有効性が確認されたことだ。商品の配送頻度を増やすことが、売上げにどのような影響を及ぼすのかを調べるためにテストが実施された。各セグメントを代表する店舗一四か所でテストが行なわれ、その結果がこの四か月モニターされてきた。

予想どおり、粉製品（小売店向けの小麦粉、トウモロコシのパッケージ商品）の小売店への売上げは、最初減少した。小売店の過剰在庫がまず掃き出されなければいけなかったからだ。その後、売上げは順調に伸び、従来の販売レベルを大きく上回るところで安定した。これも予想どおりだった。予想外だったのは、その増加率だ。前年同月比で、なんと九〇パーセントも増加したところで安定したのだ。これは、予想をはるかに超える増加だった。その状態は、この三か月ずっと続いている。では、なぜ、これが予想外の結果だったのか説明しよう。

補充モードへ転換するというこのソリューションは、二つの面から売上げに影響を及ぼす。まずは、品切れの減少だ。適切な補充体制によって品切れはほとんどなくなり、その結果、売上げは増加する。もう一つは、売れ行きの悪い商品の在庫減少だ。補充モードに切り替わることで、売れ行きの悪い商品の在庫は著しく減少し、その結果、それまで無駄に使われていた陳列スペースが開放され、また店頭の販売員の注意もより売れ行きのいい商品に注がれる。その結果、売上げが増加するのだ。

ＳＫＵの数が多ければ多いほど、この二つの影響は大きくなる。しかし、製粉工場で作っているＳＫＵはわずか三〇。そして、一つの小売店が扱っているＳＫＵは平均してそのうち一五以下である。SKUがこれだけ少ない中での、九〇パーセントの売上げ増というのは実に予想外だったのだ。

売上高九〇パーセント増加という事実は、この補充モードへの転換というソリューションがどの小売店にとっても非常に魅力的なものであろうことを示している。また流通コストが、スループットの増加と比較して微々たるものであり、今後、流通コストがこのソリューションを大きく拡大するうえで障害にはなり得ないことも示している。もし今後、本格的にこのサービスを拡大しても、同程度の売上げ増が維持できるのであれば、まだ二年半残っている当初の予定期限よりずっと早い段階で、バイアブル・ビジョンの目標が達成される可能性も大きい。

パン製品は、どうだろう。テストの結果は、どうだったのだろうか。配送頻度を一日二回に増やすことで、どのような効果が確認されたのだろうか。

こちらは、さらに喜ばしい驚きの結果となった。一日目からパンの売上げは、なんと一〇〇パーセントを超える増加を見せたのだった（テストが行なわれた全一四店舗の四か月の平均は、正確には一一八パーセント増）。

喜びと驚き——まずは「喜び」から、詳しく説明しよう。

まず、売上高が一〇〇パーセントを超える増加を見せたということは、小売店側の保守的なメンタリティが一掃されたということをはっきりと意味している。これで、クロワッサンなどマージンの大きい高級パンの販売へも扉が大きく開かれたことになる。もしテスト結果が本物なら、残りの二年半で、当初は大きすぎると思われていたバイアブル・ビジョンの目標も簡単に超えることができるだろう。しかし、事を急いではいけない。何千もの小売店にこのソリューションを広げる前に、なぜ売上げが増えたのか、その原因と結果の関係を正確に確認しなければいけない。そのために、今度はテストを一〇〇店舗まで広げてみる。高級パンをさらに多く投入し、また、どのパラメータが売上げおよびスループットの増加に効果を及ぼしているのか確認するのだ。

次は「驚き」だ。なぜ、パンの売上げ一〇〇パーセント増に、私は驚いたのだろうか。一〇〇パーセントの売上げ増加は、今回がはじめてではない。一〇〇パーセントを大きく超えるような売上げ増も、繊維など他の分野で見てきた。

当初、私は、売上げの増加率は多くて三〇パーセントとしていたが、その理由をもう一度思い出してほしい。その理由に、何か論理上の間違いがないだろうか。最高で三〇パーセントという予想に対して、実際には一〇〇パーセントも増加した。

いったい、その差はどこにあるのだろうか。

より優れた補充体制によって売上げが増加した、これまでのすべての事例においては、その増加は、競合相手の売上げを犠牲に実現してきたと推測される。しかし、このパンの事例では、その説明は当てはまらない。この会社は非常に大きい。国内のパン市場の三割ほどのシェアを握っている。しかし、国内のパン店すべてに商品を供給しているわけではないと考えるならば、取引のあるパン店においては、販売されるおよそ五割ほどのパンが同社のパンだと推定できる。売上げ増が主に競合他社の売上げを犠牲に成り立っているのだとすれば、これらの店から、そうした競合他社は一掃されているはずである。だが、現実にはそのような状況は生じていない。したがって、この売上げ増はどこか別のところから生まれてきているに違いないのだ。

午前中に限って考えれば、この会社は競合他社に対して特に大きな優位性は有していない。しかし、午後は違う。午後になると、その新しいサービスが近隣のパン店の顧客を引き寄せているのかもしれないのだ。仮にそうだとすると、近くのパン店(商品配送がまだ一日一回の店舗)における同社の売上げは減少するはずだ。しかし、そのような状況は起きていない。確認できるほど大きな減少は発生していないのだ。

そうなると、考え得る説明は一つしか残されていない。テスト店舗における一顧客あたりの販売量が増えているのだ。つまり、客が、いままでよりもっと多くのパン、おそらくこれまでの倍の量、パンを買って行ってくれているのだ。

最初は、そんなことあり得るのだろうかと私も疑ったが、自分の家族の様子を観察してみると、なるほどと納得せざるを得なかった。私の家では、古いパンと、買ったばかりの新鮮なパンがある時は、ほとんど必ずと言っていいほど、みんな新しい方のパンを選ぶ。古い方のパンがゴミ箱行きになるとわかっていても、それは変わらない。それに近年では、仕事帰りに買い物をする人がますます増えている。したがって、午後に新鮮なパンをしっかりと揃えておくことが、パンの消費を大きく伸ばすことにつながるとしても、不思議なことではないのだ。

最初は、テスト店舗における売上げ増が、主に一顧客あたりの購入量の増加からきているなどということが本当にあり得るのだろうかと思ったが、何人かに意見を聞いて、その疑問は解消された。どうして、なかなか信じられなかったのかと思うほどだ。

経済学の知識が邪魔していたからだろうか。その知識を自分自身の経験と一致しているかどうかを確かめずに受け入れてきたからだろうか。

経済学では、需要と供給があり、価格は需要と供給のバランスで決定されると学んだ。また、需要と供給はそれぞれ独立変数であることも学んだ。つまり、ある会社の売上げが増えれば、競合他社の売上げは減る。パイの大きさは有限だ。要は、ゼロサム・ゲーム（参加全員の負け分、勝ち分の総和がゼロになるゲーム）ということなのだ。

この考えは、企業の潜在能力を分析する今日の評価方法にも大きな影響を及ぼしている。例えば、マーケットシェア六〇パーセントの会社があったとしよう。この会社が、確固たる何らかの競合優位性を確立して売上げを伸ばしたとしても、その伸びは市場の残り四〇パーセントを超えることはない。それを超えて、さらに売上げを伸ばすためには、同じ市場にいままでとは異なる新しい製品を投入したり、あるいは新しい別の市場へ進出しなければいけないのだ、と私たちは考えてきた。だが、今回の事例は少し違う。配送頻度を増やすことで、絶対的な競合優位性が築けるだけでなく、同時に既存の市場を拡大することも可能と考えるべきなのだろうか。少なくとも、一般消費財については、そう考えるべきなのだろうか。供給の仕方が優れていれば、（価格が横ばい、あるいは上がったとしても）需要はどんどん増えていくと考えていいのだろうか。となると、需要と供給は独立変数でありながら、相互に強く依存しあっていることになる。なるほど……。

The Choice

第13章

限界なき可能性

空港から家まで、父をクルマで送る途中だった。

「何日か前にファイルを送ったけど、ちゃんと読んだかな」父が訊ねた。

この質問を私は待っていた。「ええ、読んだわ。でも、何を学んだか訊く前に、先にこちらから質問させて。パンも粉製品も売上げが増えて驚いたようね。予想していたより、かなり増えたみたいね」

「ああ、かなりだ。……で、質問は？」

「知識を深めるいちばんいい機会は、現実が自分の予想と著しくかけ離れている場合だって、父さん教えてくれたわよね。普通の人だったら、予想以上の結果が出た時は、喜んで受け入れて、そのまま前へ進んでいくわ。でも、父さんはそうじゃないわよね。父さんは、どうして自分の予想とかけ離れた結果になったのか、その理由をゆっくりと時間をかけて調べるんでしょ。……で、何かわかったの？」

私の質問に、父はご満悦のようだ。私の手をやさしく撫でながら、父は言った。「テストの詳しい結果を報告してもらったよ。でもそのまま、あ、そうですかと言えるような数字ではなかったから、社長とCOO（最高執行責任者）に、どのようにテストが行なわれたのか、再度詳しく調べてもらった。それから、オランダの私の事務所まで来てもらって、三日間一緒にミーティングもした。頭のいい人たちだから、調査結果がどうであれ、とにかく会うのは楽しみだったんだが、その三日間で、いろんなことがわかった。ずいぶんと進歩があったよ」

私は、自分のことを誇らしく感じていた。最初、父のレポートを読んだ時は、正直、落ち込んだ。しかしいま、私が父に訊ねているのは非常に重要な質問だ。どんな状況でも、もうすでに問題などなさそうに見える良好な状況であっても、なおも飛躍的に状況を改善することが可能なのだろうか、そう訊ねているのだ。その答えとして、私は父から別のレポートを渡された。状況が著しく改善されたある事例だ。この事例から、どんな状況でも改善は可能と判断していいのだろうか。

しかし、あの事例は、正直言って、最初から問題のない良好な状況とは言いがたいものだった。もともとパンは、一日一回補充している。だからといって、それだけで良好な状況だとは簡単に言うことはできないはずだ。

父がきちんと私の質問に答えてはいないという印象を持ったのも、そのせいだ。そもそも、私の質問をきちんと理解しようとしてくれているのかどうかさえ疑問だった。正直、私は少し気分を害した。

しかしその時、父は海外に行っていた。それがよかった。もし近くにいたら、父の家まで押しかけて、きっと詰め寄っていたことだろう。時間があったおかげで、父を責めたくなる気持ちを抑えて、なぜこのレポートを渡されたのか、他に何か理由がないか、ゆっくりと考えることができた。いくつか理由は思い浮かんだが、父がテストの結果は予想外だったと強調していたことを、私は思い出した。もしかすると、父はあのレポートを答えとしてではなく、答えへの導入口として私に送ってきたのではないだろうか。あのレポートを読ませて、私に何かを気づかせようと思っていたのではないだろうか。そう考えると、納得できるし、腹を立てずにすむ。どうやら、私の推測は正しいようだ。

「そう、楽しかったの。よかったわね。……で、進歩って、どんな進歩があったの?」

「おいおい、ちゃんと前を見て運転してくれよ」父は笑いながら話しはじめた。「売上増加率が間違っていたのは、まあ、驚きはしなかった。後でわかったんだが、テストした一四店舗のうち四店舗は、それまで取引のなかった店だった。新規の顧客だよ。配送を一日二回にすると言えば、それまで取引のなかった店でも、この会社のパンを置いてみようかなと思うところがあってもおかしくはない。その予想どおり、何軒か、この会社のパンを新規に置いてくれることになった。しかし、問題は、全店の売上げを合計する時、こうした新規の顧客への売上げも一緒に合計してしまったことだ。その数字を去年の数字と比較していたんだよ。それまでまったく取引していないところの数字まで足しているんだから、もちろん去年と比べれば、数字がだいぶ大きくなるのは当たり前だ。だけど、それは間違っている」

「でも、そんなの直すのは簡単でしょ。で、結局、正確には何パーセント増えたの？」

「正確には、一店舗あたり六〇パーセントくらいだった。粉製品は、最初から、だいたいそれぐらいになると予想していたんだが、パンはやっぱり売れ残りが出ることが心配らしい。こっちが予想していたよりもパン店側のガードは固かった」

私は、少し苛立ちを感じた。それで？　それで、どうなったの？　もしかして、それだけ？　そんなはずはない。「でも、数字に多少の間違いがあったにしても、大勢は変わらなかったんでしょ？　すぐにわかったんじゃないの？　三日間も何していたの？」

「他にもいいソリューションがないか、いろいろ考え直していたんだ」そう言いながら、父がニヤリとした。

「どうして？　すべてがうまく噛み合って、結果も予想以上。飛躍的な成長を達成するのに十分なパフォーマンスだったんでしょ。なのに、何を考え直す必要があったの？」

クルマのスピードを緩めながら、私は父に詰め寄った。家に着いたら、また子供たちに父を取られてしまう。いまのうちに、きちんと訊き出さなければと私は思った。
「ああ、確かに結果は予想以上だった。しかし、エフラット、すべてがうまくいっていたわけじゃないんだ」

私の驚いた表情に応えるように、父が説明を始めた。「分析を始めた時に気づいたことなんだが、この会社は、パン店からの注文は、翌日どれだけパンがそれぞれの店で売れるのか、その需要をでき得る限り正確に予想したものだと考えていたんだ。その前提に問題があるんじゃないかと、私は思ったんだ。きっと実際の需要は、パン店からの注文よりも多いんじゃないかってね。パン店は売れ残りを出したくないから、控えめに注文してくるはずだ。パン店のその保守的なメンタリティに注文の量は影響されているはずだと考えたんだ。でも、レポートにも書いてあったと思うが、それが、どれだけの影響を及ぼしているかは、その時にはわからなかった。しかし、もちろん、いまはちゃんとわかっている。非常に大きい。予想をはるかに上回る大きな影響だった。その結果、売上げは大きく伸びた。一〇パーセントや二〇パーセント、いや三〇パーセントどころの話じゃない。六〇パーセントも伸びたんだ。パン店があれほど保守的だとは思ってもいなかったよ」

なるほど、だから他に、もっといいソリューションがないか、考え直したわけか。これで十分、もうわかっているなどと父は簡単には考える人ではない。逆に、もしかしたら何か知らないこと、わかっていないことがあるんじゃないかと、まわりをいつも観察して、ヒントを探している。真の科学者のように考えるとは、「謙虚で尊大」であることだと父は言っていたが、そのとおりだ。まだ自分にも知らないこと、わからないことがあると謙虚でありながらも、新たな知識を構築することができるという信念を持たなければいけない。

「知識を深めるいちばんの機会は、現実が自分の予想と著しくかけ離れている場合だって、父さん言っていたわよね。確かにそうかもしれないけど、でも、パン店の保守性にはどうやって気づいたの？　どうやって理解を深めることができたの？　具体的に教えてくれないかしら」

「ああ、いいだろう。パン店の保守性っていうのは、パンが売れ残ってどれだけ損が出るか、それとパンをもう一つ売ることでどれだけ儲けが出るか、その二つの駆け引きなんだ。この会社は自分たちで小麦粉も作っているから、パンのマージンが大きいことは最初からわかっていた。五〇パーセント（小麦粉のマージンと製パン工場のマージンで構成）近くあった。しかしパン店のマージンについては、ふつうのスーパーと同じ三〇

〜三五パーセントくらいだろうと勝手に決めつけていて、私もきちんと調べなかったんだ。しかし、オランダで彼らとミーティングをしてわかったんだが、パンというものは人が毎日食べる基本的な食べ物じゃないか。だから、実はパン店のマージンは非常に少ないんだ。小売価格の一五パーセントぐらいしかない」

「でもそれじゃ、パンが一つ売れ残っただけで、パン五つ分の利益がふっ飛んじゃうわね」私は驚いた。「パン店が慎重になるのも当然ね」

「ああ、とても慎重だ。配送を一日二回に増やしても、彼らの保守性を少々和らげることができるだけで、完全には解消できないんじゃないかと考えたよ。エフラット、おまえだったら、どう思う」

「私がパン店のオーナーだったら、とにかく、売れ残りは出さないようにするわね。パンが売れる量は毎日、違うわけだから、一日二回パンを配送してくれるとしても、やっぱり少し少なめに注文すると思うわ」

父は窓から外に向かって、ゆっくりと煙を吹かした。「私たちも、そう思った。だから、次に考えないといけないのは、どうしたら彼らの保守的なメンタリティを完全に取り除くことができるのか、その方法だった。それができないと、真の需要に見合っただけのパンを彼らに買ってもらうことができない。それから、彼らの保守的なメンタリティを完全に解消できたとしても、本当に解消できたかどうか、それをどうやって確認できるか、その方法も考えなければいけなかった。

「ちょっと待って」私は手振りで、父の言葉を遮った。


何が大変だって、どう考えても答えなどあり得るはずがないと確信している問題の答えを探さなければいけないことほど、大変なことはない。諦めようと思えば、簡単に諦められるからだ。だからこそ、父は、必ずもっといいソリューションがあるはずだと信念を持ってスタートしなければいけないと言っているのだ。私もそう思いはじめてきた。今回の、この会社の場合も、絶対に他にもっといいソリューションがあるといまは信じている。父が見つけたのを知っているからだ。しかし、そう信じるだけで、十分なのだろうか。いや、そんなはずはない。それだけで十分なはずはない。いまは、それを試す絶好の機会だ。

「自分で考えさせて」たいした自信もなかったが、私は自分から買って出た。「どうしたら、パン店の保守的なメンタリティをなくすことができるかでしょ？」

まったく見当もつかない。しかし、そう簡単に諦めるわけにはいかない。父だったら、いったいどのように考えるのだろうか。

父はまず、原因と結果の関係を考える。そして、結果をなくすために、原因を解消しようと考える。だったら、パン店がなぜ注文を控えめにしか出さないか、その消極性の原因を考えればいい。パン店が注文を少なめに出すのは、売れ残りを出さないためだ。売れ残りが出ると損が発生する。ということは、その損を減らすためには、どうしたらいいかということだ。いや、それだけでは不十分だ。損を減らすだけでなく、損を完全になくさなければいけない。そのために、何をしたらいいかということだ。つまり、パンが売れ残ったとしても、どうすれば損が発生しないようにできるかということだ。

それだったら、売れ残ったパンは会社で全部引き取って、全額返金すればいい。しかし、それでは、単純に損失がパン店からこの会社に移行するだけだ。しかし、ダメージは少なくなる（パン一個あたりのマージンは、パン店よりこの会社の方がずっと大きいから、その方がダメージは吸収しやすい）。しかし、そんなやり方で、うまくいくのだろうか。売上げが増えれば、売れ残りを全部引き取ったとしても、それで本当に、コストを十分カバーできるのだろうか。

ためらいつつ、私は言った。「前日売れ残ったパンを引き取って、全額返金したらどうかしら」

「なるほど、私たちもまったく同じことを考えたよ。それで採算が取れるかどうか、一生懸命計算してみたんだが、実は後になって、結局そんなことをする必要などなかったとわかった。それに向こうのお偉いさんも、まったく心配する様子がなかった。なぜだかわかるかな。どうしてなのかと訊ねると、彼らは、パンはビニール袋に包装されていて賞味期限は四日間、パン店から前日の売れ残りを引き取ったとしても、食品メーカーなど他の会社にはまだ売れるって言うんだ。一週間たったパンでも大丈夫だと言うんだ。少し古いのは、小麦粉なんかよりもっと高い値段でビスケットメーカーなどに売れるそうだよ」

「へえ、そうなの。驚いたわね。じゃあ、それがソリューションっていうこと?」私は誇らしげな気分になった。

「エフラット……」私の名前を呼ぶと、父はもう一度ゆっくり窓の外に煙を吐いた。「それだけじゃ、まだダメだ。もう一つ問題があったんじゃないかな。どうしたら確認できるかだ。パン店からの注文が真の需要に沿ったものかどうか、どうやったら確認できるかだよ。いいかい、パン店は惰性で相変わらず少なめに注文してくるかもしれない」

それは簡単だ。「パンが売れ残っても会社には損失は発生しないんだから、配送トラックの運転手が各店舗を回って、売れ残りがなかったら、前の日よりも少し多めにパンを置いてくるの。逆にたくさん売れ残りがあったら、少しばかり減らせばいいわ。そんなに難しいことじゃないから、ちょっとやってみれば、すぐにシステムは確立できると思うわ」

「そのとおりだ。それから?」

「それから? それだけじゃ、ダメなの?」

「エフラット、いいかい、新しいソリューションを見つけた時は、それがまわりにどんな影響を及ぼすのか、あらゆる可能性をチェックしないといけない。でないと、何か重要なことを見落としてしまう危険性がある」

それは、そのとおりだ。しかし、何をどうチェックしていいのか私には皆目、見当もつかない。ところで、このままだと家に早く着きすぎてしまう。少し時間を稼ぐために、私はわざと少し遠回りをした。どうやら、父には気づかれていないようだ。


私が困った表情をしているのを見て、父が助け舟を出してくれた。「エフラット、おまえのソリューションで、パン店の保守的なメンタリティはすべて解消できるかな」

「できる」と自信を持って答える前に、私はもう一度ゆっくりと考えた。

しかし、父の助け舟は結局、助けにはならない。その様子を見て、父がニヤッとしながら言った。「いいかい、もしそれでパン店の保守的なメンタリティがすべて解消されるなら、どうして一日二回配送する必要があるのかな。そんなことをする必要ないんじゃないかな。一日一回で十分のはずだ。それだけでも、この間のテストより売上げはずっと増えるはずだ。わざわざ苦労して、一日二回配送することなんかない」

なるほど、そんなことまったく考えも及ばなかった。これには私も驚いた。しかし、考えてみれば、当たり前のこと、驚く必要もない。私は、父のその指摘をもう少し、深く掘り下げて考えてみた。

父が考えたソリューションは、まず一日二回に配送頻度を増やすというもの。極めて大胆な発想だったが、その有効性はテストではっきりと証明された。予想を大きく上回る好結果が確認されたのだった。しかし、今度はそれをいとも簡単に切って捨てる。いったい、父には惰性というものがないのだろうか。発明者というものは、ふつう自分の発明品をこよなく大事にしようと思うものではないのか。

父の性格がユニークなのか、それとも父がよく言う『決して、わかったたつもり、知ったつもりになるな』ということなのだろうか。すべてを（自ら発明したソリューションでさえ）常に一から考え直せる姿勢を持て、そういうことなのだろうか。そのレベルに達するには、相当の修練を要するはずだ。

すると、父の声が私の思考を遮った。「もちろん、そんなことを考えるのに三日もかかったわけじゃない。そのことに気づいてから今度は、何か、もっといいソリューションがないかどうか、また考えはじめたんだ。きっと、利益をさらにもっと増やす方法があるはずだ、と私は思いはじめていたんだ」

利益をさらにもっと増やす方法？　まさに予想外の展開だった。これ以上、利益を増やす方法がまだあるというのだろうか。しかし考えてみれば、私は、それぐらい衝撃的な例を求めていたのかもしれない。この会社は、これまでにない大きな利益を出そうとしている。業界の標準をはるかに上回る利益だ。それだけでも、ものすごいことだ。しかし、さらにそれをはるかに上回るソリューションがあるはずだと父は言う。もし本当にそんなソリューションがあるのなら、『いかなる状況でも著しく改善し得る』と、父が言うのも納得できる。

「父さん、一つ質問してもいいかしら。状況が思わしくない時、明らかに問題があるような場合、父さんは、まず好ましくない結果からスタートするのよね。まず最初に、根本的な対立を見つけるわけよね。でも、何も問題がないように見える状況の時、すでに良好な状況の時はどうするの？　どこからスタートするの？　直感を働かすとか？」

「エフラット、いつも言っていることだが、私は天才なんかじゃない。そんなことができるような、もの凄い直感を持っているわけじゃない」

「だったら、どうやってもっといいソリューションを見つけることができるの？」

「いいかい、おまえが言ったように、いいソリューションというものは、根本的な対立を解消するようなソリューションだ。根底にある前提を変えて、その結果、状況が大きく変わる。しかし、状況が変われば、自分を取り囲む現実もスタート時点とは大きく異なってくる。しかし、ソリューションの導入はまだ完了していない。だから将来いったいどういう状況になるのか、その状況を想像してみるんだ。必要な変化をすべて実行した時に存在し得る状況を明確に頭の中に描いてみる。これはそう簡単じゃない。エフラット、どうだい、試してみるかい。手伝うから」

「もうすぐ家に着いてしまうわ。いいから、父さん、説明して」

「いいだろう。その時の『好ましい現象』、つまりその時、何がこの会社の強みになっているのかを探してみるんだ。たくさんあるはずだが、まず、この会社は、各地域に倉庫を配置し、配送用のトラックもたくさん有している。それを使って、都市圏、郊外を含め、国内すべての地域において、ＦＭＧ（fast-moving-goods）、つまり動きの速い商品を扱うすべての小売店に商品を供給している。そして、実際の消費に合わせて商品を補充し、顧客の在庫回転率は前例のないほどにまで高まる。そして、各店舗における陳列スペースあたりの売上げも大きく増える。これは、この会社の営業マンと小売店のオーナーの関係が非常に良好だということも意味する。また、実際の消費量に合わせた補充モードに変更することで、各地に配置した倉庫の四分の三以上のスペースが開放される。しかし、大量に保有する配送トラックの多くは相変わらず、一日の大半を何もせず、待機したままの状態が続いている。つまり、他に何か新しいＦＭＧを販売、配送しようと思えば、簡単に始められるということだ。すでに用意されている既存のインフラを使い、業務費用も大きく増やすことなくできる」

「つまり、何か新しい商品を作るっていうこと？」

「いや違う」もう家はすぐそこだ。「新しい商品を作るには、そのための技術や生産に大きな投資が必要だ。それに時間も長いことかかる。この会社の大きな強みは、その配送システムと販売だ。その強みに集中すれば、いまの状況を迅速にフルに活かすいい方法が見つけることができる。いいかい、外国の大手ブランド企業の多くは、まだこの国には進出していない。商品は優れていて、知名度も高いが、それでもこの国に進出するには、配送システムと販売に大きな投資が求められる。リスクも負わなければならない。だから、そうしたブランド企業とウィン‐ウィンの協力体制を作ろうと思えば、簡単にできる。わかるかな」

The Choice

第14章

明晰な思考とトートロジー

私は、父と一緒に裏庭で腰を下ろしていた。美しい冬の朝、春が間近に迫っていることをうかがわせるような穏やかな朝だった。父はコーヒーカップを片手に、そしてもちろん手元にはパイプが置かれてある。私は、ガーデン用のラウンジチェアに体を伸ばしてゆったりと座っていた。父のようには、カフェインやニコチンは必要としない。

今日こそは、父からしっかり話を訊き出そう、そう私は心に決めていた。どうすれば明晰に思考することができるのか、そのエッセンスを訊き出したかった。まず、父を書斎から庭に連れ出すところまでは成功した。それとて決して容易なことではない。家中の電話線を外し、私も携帯電話の電源を切った。父は、携帯など持っていないから心配ない。母は、叔母と外出中。そして、子供たちは学校だ。これで、三時間は誰にも邪魔されることはない。それだけあれば、とりあえず十分だろう。

「父さん」私は声をかけた。「まだ、しっくりこないわ」

父の視線は、木々の間から射しこむ木漏れ日が地面で揺れ動く様をとらえていた。きっと、何か別のことを考えているのだろう。それでもいい。私は無視して、父の注意を引こうと話を続けた。これは、彼の人生にとっても極めて重要なことのはずだ。それに、私は父にとってたったひとりの愛娘だ。

「私も、安易で楽な人生を送りたいとは思っていないわ。それは、父さんとまったく同じ。充実した人生を送りたいの。それに充実した人生を送るには、いい機会もたくさん必要ね。そうした機会の中からいくつか達成感を味わうことができるレベルにまで持っていかないといけないわ。それは父さんの言うとおりよ」

父は、黙って私の話を聴いている。「父さんの言うことや、やってきたことを見てきて思うのは、運にだけ任せていてはダメだっていうこと。ものごとを明晰に考えることができれば、充実した人生を送れる可能性はずっと増えるはずだと思うの。ものごとを明晰に考えることができれば、自らいい機会を作り出すこともできるだろうし、少なくともいい機会が巡ってきたら、それに気づくと思うの。それに、そうしてとらえた機会を活かして、根気強く最後まで頑張るスタミナも湧いてくると思うわ」

父は、相変わらず無関心な表情だ。「父さんは言っていたわよね。私が明晰な思考ができないとすれば、それは何か障害があるからだって」

「障害と訓練。訓練を数多く積まないといけない」ようやく父が反応を示した。

これで、話が前に進む。私は、少し語気を強めた。「そうなの、それが私の問題なの。明晰に考えるには、科学者のような思考をするには、訓練が数多く必要だって、父さんは言うじゃない。私も常に意識しているわけじゃないけど、いつもいろいろ考えてはいるわ。でも、父さんが言う訓練とはそういうことじゃないのよね。ねえ、どうやって訓練したらいいの。どうやって明晰に考える練習をしたらいいのか、父さん、教えてくれない？」

父の視線は相変わらず地面に踊る木漏れ日をとらえていた。だが、驚いたような声を出して言った。「一方がまったく理に適っていて、もう一方が訳のわからないことをぐだぐだ言っていたら、すぐにわかるじゃないか」

そんなに簡単に片づけられては困る。「そうかもしれないわ。でも、何が違うの？何が違うのか、はっきりした定義を教えてくれない？」私は父に迫った。

私の問いに、父は「明晰に思考する鍵は、循環ロジック、つまり議論がぐるぐると同じところを堂々巡りするのを避けることだ。それだけだ」と淡々と答えた。

「父さん、もう少し詳しく説明してちょうだい。きちんと理解したいの。私にとってすごく大切なことなのよ」私は強い口調で訴えた。すると、ようやく父は視線を木漏れ日から移動させて、私の顔をまっすぐと見た。ほんの少し間を置いてから、優しい声で父が言った。「すまない」

父はパイプに火を点け、煙を吹かしながら考え込み、しばらくしてから口を開いた。「もう何度も説明したが、すべての事柄は、原因と結果の関係でつながっている。そして、その根底には共通した根本的な要素が存在する。だから明晰な思考をするための鍵となるのは、そのロジカルマップをきっちりと構築することだ。まず、どれか一つ現象を選んで、そこからスタートする。どの現象でも構わない。そして、なぜその現象が存在するのか、と問いながら、根本的な原因までどんどん辿っていく。問題は、そうやって結果と原因の関係を順に辿っていくと、やがて、私たちの感覚では、直接確認しようがない抽象的なものにぶち当たる。これが難しいんだ」

「どういうこと？　わかりやすく説明してくれないかしら」少しペースを落としてもらおうと、父の説明に質問をはさんだ。

父は笑って、ゆっくりと説明を続けた。「ハードサイエンスにおいて、『どうしてそんなことが存在するのか』と問いながらロジカルマップを深く辿っていくと、やがて自分たちの感覚はもはや使えなくなって、抽象的なものを使わないといけないところまで辿り着く」

「抽象的なもの？」

「原子とか酵素とかいったものだよ。原子や酵素なんてものを、実際に自分の目で見たり、触ったりしたことのある人がいると思うかい。おそらく存在はしているが、それはロジックやさまざまな情報を介してそう知っているだけだ」

なるほど、そんなふうに私は考えたことがない。「ハードサイエンスじゃなくて、社会科学を選んで正解だったわ。そんな目に見えないものを相手にしなくてすむもの。原子なら高校で勉強したけど、どうも苦手だったわ。原子だけでも大変だったのに、そのうえに陽子や中性子なんかも勉強しないといけなかった。もっと抽象的じゃない。でも、いまは素粒子やクウォーク（物質の基礎単位であると考えられている理論上の粒子）なんていうのも勉強しないといけないようね。私は、やっぱり人とか、きちんと目に見えるものを相手にしている方が楽ね」

私の返答に、父は笑った。「エフラット、もし抽象的なものが苦手だと言うなら、職業を間違えたかもしれないぞ。人を相手にする時も、原因を見つけようと掘り下げていくと、しばしば抽象的なものに出くわす」私の反応を待つことなく、父は説明を続けた。「例えば、パン店だ。パン店は保守的だって言ったが、そんなもの、実際に目で見たり、手で触ったことがあるかな。でも、実際に存在することはわかっている。それは、実際に自分の目や手で確かめたからではなく、理論上そうだと知っているからだ」

考えてみれば、愛だの憎しみだの、それから動機や知性も、心理学が扱うもののすべては理論的にしか、その存在は確認されていない。実際に目や手で確認したものは一つもない。

「でも抽象的なものが、なぜ明晰な思考にとって重要なの」私は訊ねた。

「抽象的なものを相手にする時は、注意していないと、ロジックが同じところをぐるぐる循環してしまう。そういうのをトートロジーっていうんだが、聞いたことあるかな。これに陥ると大変だ」

「前に、父さんが惑星はぐるぐると円を描いて回っているという例を使って教えてくれたのを覚えているけど、もう一度、わかりやすく説明してくれないかしら。惑星じゃなくて、もっとわかりやすい日常生活の例を使って」

「わかった」そう言うと、父はさっそく説明を始めた。「実は、私たちのまわりはトートロジーだらけだ。トートロジーだらけだから、それに人は鈍感になって、気づくこともほとんどない。しかし実際には、私たちの会話やそれから新聞の記事などにはいつもトートトロジーが存在している。例えば、『彼らは、勝とうという十分なモチベーションがなかったから試合に負けた』という記事があったとしよう。しかし、十分なモチベーションがなかったという証拠については、ふつう記事の中では触れることもない。あえて証拠を求めたとしたら、『だって、試合に負けたじゃないか』という答えがきっと返ってくるに違いない。それが、トートトロジーだよ」

私は、父の説明に笑みを浮かべながら、反論した。「そんなナンセンスな議論、私はあまり使わないわ。少なくとも大事な時は、そんないい加減な議論は使わないわね」

「ほう、そうかね」ニヤリとしながら、父は視線を木の上の方へ向けた。「ある心理学者が、私にこんなことを言ったことがある。『君は落胆しても、その気持ちを抑え込むことができる』とね。その時は訊かなかったんだが、もし『どうして私が落胆した気持ちを抑え込むことができるとわかるのか』って訊き返したら、きっと『なぜって、君は落胆してもそれを感じないじゃないか』って言うに決まっている。それじゃ、議論が循環しているだけだ」

父は、そのまま説明を続けた。「そうなってしまうと、明晰な思考なんてとてもできなくなる。同じところでぐるぐる回っているだけで、それより先には行けなくなる。根本的な原因には辿り着けなくなって、砂上の楼閣を築くだけだ。問題は、それがもっともらしく聞こえることなんだよ。ちゃんと確認できないままでいると、それが当たり前だと思い込んでしまう。エフラット、おまえもそうだったじゃないか。私が感情を抑え込んでいると、おまえは思っていたんじゃないかな。でも、そんなこと、ちゃんと確かめたわけじゃないだろう」

私は、少し考えてから答えた。「だったら、どうやって防ぐことができるの。どうしたら、ロジックが循環しないようにできるのかしら」

「その話に進む前に、少し予習してもらいたいことがある」

「いいわ」私は心理学の専攻だ。大学では、ロジックの授業など取ったことがない。そもそも、そんなこと、私にわかるわけがないのだ。でも父は、ロジックが重要だと主張する。それは、ロジックが知的な人間にとって、なくてはならない基本的な能力だと考えているからだろうか。もしそうだとしたら、父の言っていることはもっともなことなのかもしれない。そんなことを考えている間に、父の話は始まった。いけない、ちゃんと父の話を聴かなければ……。


「ロジックが循環しているからといって、結果とそれに対する原因の分析に間違いが必ずあると言っているわけじゃない。まず、その点ははっきりさせておこう。言いたいのは、ロジックが循環していると、それが本当の原因かどうかはっきりと確認できないということだ」私が疑うような表情をしているのを見て、父はすぐに例を挙げた。「例えば、『市場の嗜好が変わったから、この商品の売上げは減った』と言ったとしよう。もし、このままだったら、これも典型的なトートロジーだ」

「ええ、そうね。でも、それじゃ、あまり説得力はないわね。他にもいくらでも理由は考えられるわ。景気が悪くなったとか、競合商品が出てきたとか、サービスが悪くなったとか、値上げしたとか、他にも理由はいくらでもあり得ると思うの。でも、売上げが減ったぐらいの情報だけでは、どれが本当の理由かわからないわ」

「ちゃんと考えてるじゃないか。いいぞ」父は満足げだ。「いいかい、じゃあ、もう一つ別の結果の存在を確認できたとしよう。例えば、『この商品の売上げが減った分、代替商品の売上げが増えた』っていうのはどうかな。もしそうだとしたら、市場の嗜好が変わったという理由の有効性はどうだろう」

この商品の売上げが減って、それと同じ分だけ代替商品の売上げが増えたのは偶然だなどとは、ふつうは思わないはずだ。私は大きな声で答えた。「もしそうだとしたら、唯一考えられる理由は、やっぱり市場の嗜好が変わったことね。しかし、どうして市場の嗜好が変わったのか、その原因の原因はまだわからないわ。もしかするとサービスの低下かもしれないし、値上げが原因かもしれないわ。あるいは、自分たちの行動が原因じゃなくて、外部的な要因かもしれない。それを確認するには、もっと情報がたくさん必要よ。だけど、売上げが減ったのは市場の嗜好が変わったからっていうのは、それでオーケーね。でも、父さん、『この商品の売上げが減った分、代替商品の売上げが増えた』っていうのは、どこから持ってきたの？　どこから見つけてきたのよ。そんな芸当、どうしたらできるの。私にも見つけることできるかしら。心配だわ」

「それは、後からちゃんと説明する。その前にもう少し予習だ。いいかい、もう一度言うが、ロジックが循環していると、ある結果の原因を突き詰めようとしても、はっきりと確認することはできない。それではダメだ。根拠をはっきりとさせないといけない。そのためには、少なくとも、もう一つ何か別の結果が必要になる。はっきり観察して、そうだと確認できる結果だ。もし、そうやってその原因を確認することができたら、袋小路から抜け出せる。さらに掘り下げて、根本的な原因を探し求めることができるんだ」

これには、私も納得した。

「さて、おまえのもう一つの質問だが……どうしたら、もう一つ別の結果を見つけることができるのかっていうやつだが、心配になるのも当然だ。最初は、一つ目の結果とその原因に思考を集中させる。しかし、二つ目の結果を見つけるには、その箱から飛び出さないといけないからだよ。さっきの例を使えば、二つ目の結果を見つけるには、思考の範囲を広げて最初の商品だけでなく、別の商品にも注意を向けないといけないということになる」

私は、ゆっくりと父の説明を消化しようと試みた。「でも難しいのは、何か別の結果が存在するかどうか確信がない時よ。その時は、そのまま同じ箱の中に閉じこもったままでいるかもしれないわ。その方が、無理して知らない領域に飛び出すより、安全だし、居心地がいいわ。でもそうしたら、別の結果は見つけられないわね。探すのを諦めて、トートロジーの中で行き止まりよ」

「そのとおりだ」私の答えに、父は満足そうな表情だ。「そして、そういう時にこそ『ものごとは、そもそもシンプルである』という考えが役に立つんだ。どんどん掘り下げていくと、原因は収束していく。収束とは、根本的な原因には一つの結果だけではなく、複数の結果が伴うということを意味する。つまり、『ものごとは、そもそもシンプルである』と信じることができれば、どんな原因にも、それに伴って少なくとも二つ異なる結果が生じていると思って間違いない」

「なるほどね」

父は、説明を続けた。「それから、おまえは、箱の外のどこを探していいのかわからないと言ったが、それはそのとおりだ。原因が収束する云々などということに気づくには、ニュートンのようなひらめきがきっと必要だろう。多くの場合、人は共通した原因があることに気づくこともない。異なる結果が、同じ原因に起因していることなど知る由もない。状況も時も違うし、まったく関係のないことのように見えてしまうんだ。しかし『ものごとは、そもそもシンプルである』と信じれば、同じ原因に起因した異なる結果が、少なくとも、もう一つどこかに存在すると安心して考えていい。だから、探す範囲をもう少し広げてみないといけない。普通の人なら、それを見つける直感は十分備え持っているし、絶対にどこかに存在するという安心感もあるわけだから、少し訓練すれば、簡単に見つけることができるようになる。そして、もう一つ別の結果が見つかったら、その結果を用いて、想定した原因の有効性を確認すればいいんだ。つまり、『ものごとは、そもそもシンプルである』と信じることが、抽象的なものの有効性を確認するための扉を大きく開いてくれるんだよ」

確かに人の直感というのは、私も凄いと思う。しかし、父は少し過大評価しすぎだ。「簡単に見つけることができる」と父は言っているが、そんなに簡単にできるはずなどない。だけど、父はそうは思っていない。父は、誰にでも強い直感があると信じて疑わない。そんな父に異議を唱えるようなことをしても、ただ父を苛立たせるだけだ。そう考えながら、おだやかな口調で私は父に言った。「父さんが開いた扉よ。ちゃんと、中までエスコートして。でも、本当にそんなことできるの？　父さんはやったことあるの？何か、実際の例を使って説明してくれないかしら」

「ああ、いいとも。いつもやっていることだ。自分が関わっている事例では、いつも使っているよ。でも、その前に、ここまでの話を少しまとめてみよう。どうかな」

「ええ、いいわね」これは助かった。ぜひともそうしてください、とこちらからお願いしたいくらいだった。

「エフラット、おまえは、どうやって明晰な思考の練習をしたらいいのか、私に訊いたが、答えを教えよう。一つだけ課題を決めて、その分析ばかりやっていてはダメだ。あまり褒められたやり方じゃない。一つだけに決めるのではなく、身近な事柄すべてを対象にしたらいい。少しでも気になることがあったら、すぐにその原因と結果について考えてみるんだ。他人とのちょっとした会話、夫の意見、いま読んでいる本でもいい。何でもいいんだ。おまえはいつも考えていると言っていたが、ただ考えるだけでなく、常に明晰に考えるように努めるんだ」

「なるほど」私は頷いた。

「だから、『何々だから』という理由を耳にする時、特にその理由に抽象的なものが含まれる時は、注意しないといけない。たとえ相手がどれだけ自信たっぷりに言ったとしても、そのまま受け取ったらダメだ。抽象的なものには、その存在さえ疑ってかからないといけない。当たり前だと思ってはダメなんだ。仮説か、あるいは単なる想像程度に考えておいた方がいい。そして今度は、もう一つ別の結果がないかどうか考えてみる。同じ原因に起因する別の結果だ。もし見つからなかったら、それは別の結果が存在しないからじゃなくて、考えている範囲が狭すぎるからだ。そして、別の結果が思いついたら、今度はそれが実際に存在しているかどうか確認してみる。これはきちんと時間を取って確認しないといけない。実際に確認できた結果が多ければ多いほど、その原因の有効性は高くなる。そういう訓練を数多くするといい。訓練すればするほど、だんだん簡単になっていく」微笑みながら父が付け足した。「数多く練習して、それが癖になったら、人はおまえのことをきっと『天才』と呼ぶようになるよ」

「心配しないで。仕事と家、それから育児で忙しくて、あんまり練習なんかできないわ。予想した結果が存在するかどうか、ゆっくり確認している時間なんかないわよ」

「おっと、これは間違った印象を与えてしまったかな。時間は、そんなには要らない。ほとんどの場合は、一、二秒程度ですむ」

「一、二秒？　本当？」私は驚きを隠せなかった。これはうれしい。

父が、笑みを見せながら言った。「予想した結果が存在するかどうか、それはちゃんと確認しないといけない。しかし、だからといって年がら年中、確認作業をやらないといけないということじゃない。予想したほとんどの結果は、すでに私たちが知っていることだ。簡単に確認できることがほとんどなんだ」

そんなこと、私は簡単に納得できなかった。そして「例を使ってみて」と提案した。

「いいとも、自分でやってごらん。一つ例を試してみれば、すぐにわかる。一つで納得できなかったら、もう一つやってみればいい。しかし、それ以上は要らない」

私は黙ったまま父の顔を凝視した。

父は、ため息をついた。「わかった。わかったよ……」パイプを深く吸い込んでから、父が続けた。「どれだけ人が頭脳を使っていないか、その代わりに、みんなそう信じているという理由だけで、どれだけつまらないトートロジーに陥っているか、そういうのを説明できる例を使おう。その方が時間を節約できる。それに、そういう例を使えば、人がどれだけ不注意に他人の行動について安易に結論を出しているかも説明できる」そう言うと、父は私にウィンクして訊ねた。「『人は変化に抵抗する……変化が大きければ大きいほど、その抵抗も大きくなる』……こういうフレーズを聞いたことがあるかな」

「ええ、いくらでも。それがどうしたの」私は笑みを浮かべて答えた。

「もう少しわかりやすい例、状況に置き換えて考えてみよう。すると、トートロジーの怪しげな匂いが漂ってくる。何かないかな」

わざとらしく仰々しい声で私は言った。「XYZの導入は困難に陥っている。みんなが変化に抵抗しているからだ」

父が笑った。「なかなかうまいじゃないか。まるで偉そうにしている、どこかのコンサルタントか、マネージャーみたいだ。さて、いまの文章には、『何々だから』という理由と、それから原因には抽象的なものも含まれている。ということは、しっかり考えないで、それをそのまま受け入れてはいけないということだ。では、考えてもらおう。いったい、どのように考えたらいいのかな」

私は、まだ別の結果を予想するのはうまくない。だから、慌てずにゆっくりと考えた。「『みんなが変化に抵抗している』とはどういう意味かしら。条件を特定しているわけじゃないから、そのままだと、人はいかなる環境のいかなる変化にも抵抗するっていうことになってしまうわ。もしそうだとすると、人は自分たちのライフスタイルを変えてしまうような変化は起こそうともしないし、積極的に探求することもなくなる。これがもう一つ別の結果じゃないかしら」

「いいだろう。では、もう少し具体的に考えてみよう。人生の中で、いちばん大きな変化は何だろうか。生まれることと、死ぬこと以外でだ」

この質問は答えやすい。「結婚したがっている人や、子供を持ちたがっている人は大勢いるわ。自分自身の経験からもわかるけど、結婚や子供は、人生のあらゆる面を変えてしまうわね。だから、まったく何のためらいもなく結婚したり、子供を持つ人なんていないはず。誰だって、少しは考えるはずよ。でも、私の友だちの行動や態度から判断する限り、それは変化に抵抗するとか、どうとかいうことじゃないわね。その逆よ」

私は、どういう時に人が変化に抵抗するのか、条件を特定しようと考えた。その時、父の声が私の思考に飛び込んできた。「エフラット、一生懸命考えているようだが、そんなに張り切らなくていい。もう少しゆっくり、気楽に考えたらいい。ところで、なぜ私が急に『人は変化に抵抗する』などという話を持ち出してきたかわかるかな。予想した結果が存在するかどうか確認する時間なんてどこにあるの、とおまえは言っていたけど、その答えを見つける役に立つからだよ。まずは、その答えを考えてごらん。予想した結果の存在を確認するのに、ふつう多くの時間をかけてテストする必要はない。自らの経験から、私たちは、それが存在するか否か、すでにだいたいわかっているものなんだよ」

そんな答えで満足するわけにはいかない。私は、甘い声を出して、かすかな反論を試みた。「でも、予想した結果が仮説の有効性を否定することにつながる場合もあるんじゃないかしら。そうよ、前提がとんでもなく間違っていたり、少なくとも正確じゃないとか、気づくこともあると思うわ」

「そのとおりだ」父は納得した表情だ。「カール・ポパー（オーストリア出身のイギリス人哲学者）も、『すべての科学理論は、実験によって証明できなくてはならない』と言っている。それが、今日の科学の基礎となっている。しかし、実験によって理論が否定される場合もある。それも科学というものだ。それがないのは疑似科学、魔法だよ。

そして、もちろん、思いついた結果が存在していなくて、仮説が間違っているとわかることもしばしばある。例えば一〇個、結果を思いついたとしよう。しかしもう少し頑張って、もう一つ結果を思いついたとしよう。そして、この一一番目の結果だけ存在していないことがわかった。すると、他は全部存在していても、一つでも存在していない結果があれば、それだけで想定される原因の有効性は否定されてしまうんだ。つまり、確認できる結果が多ければ多いほど、原因の有効性は高まるが、いつ存在し得ない結果が見つからないとも限らないということだ。要は、ものごとは何でも絶対なんていうことはないっていうことだ」

これは、私でも理解できた。「なるほど、よくわかったわ」

「いや、まだだ。話はまだまだ終わっていないぞ。いいかい、実はもう一つ、さっきの例から、おまえに学んでほしいことがある。人がどれだけ不注意に他人の名誉を傷つけているかっていうことだ」

名誉を傷つける？　いったい何の話だろう。

私の驚いた顔を見て、父が言った。「『人は変化に抵抗する』と言ったが、いったいそれは何を意味しているんだろう。いいかい、その言い方だと、人はどんな変化であろうと、その変化の内容にかかわらず、抵抗するようプログラムされているということになってしまう。そう思わないかな。それは、人の判断に責任を必要以上に押しつける言い方だ。人の名誉を傷つけていることになる」

語気を強めて、父は続けた。「しかし、誰もそんなことは考えもしない、そのまま受け入れてしまうんだ。確認しようと思えば、ほんの数分しかかからないはずだ。証拠はまわりにいくらでもある。うまくすると、想定した原因が不正確だとわかるかもしれない。どうかな、エフラット。どう思う」

「人は自分の利益を守ろうとするものだし、それが上手いってことね」

「いや、そういうことじゃなくて、カルチャーの話だ。何のためらいもなく、人の名誉を傷つけるカルチャーだよ。むしろ、それを奨励している」

私は黙ったまた、顔をしかめて見せた。

父は、明らかに私の反応が気に入らないらしい。「自分はそんなことはないなんて考えてはダメだ。自分もそのカルチャーの一部だと考えないといけない。特に人が関わっている状況において直感を使って原因を探し求める時、人を中傷するような仮説を立ててしまう可能性が高くなるんだ。そして、その誤った仮説を有効だとする結果ばかりを挙げて、無効とする結果は無視してしまう。だから、よくよく注意しておかないといけない。でないと、せっかくの分析がまったくの無駄になってしまうんだ」

「父さん、私は人を客観的に観察しているつもりよ。偏見や先入観なしに、そのままの姿を観察しているつもりなの。それに、人を中傷するような軽率なことは、たとえ頭の中でさえしないよう、もの凄く注意しているわ。本当よ」

父の表情が翳った。父は立ち上がって、まるで昔の蒸気機関車のようにもくもくと煙を吹かしながら、部屋の中をゆっくりと歩きはじめた。私はじっとして、父の様子をうかがった。ようやく足を止めて、父が私に訊ねた。「エフラット、わかった。でも、テストしてみないか?」

「テスト?　どんな?」

「実は、長いこと頭を悩ませられた事例がある。ある会社の事例なんだが、理解できないような行動を取るんだ。そのレポートを送るから読んでみるといい。どうしてそんな行動を取るのか、その理由を考えてみてほしい」

「それだけ？　もちろん、いいわよ」

父は立ち上がって言った。「いまからファイルを送る」

The Choice

第15章

<ゴールドラット・レポート>
コンフォートゾーン
Part1

2007年2月に、
ゴールドラット・グループに提出したレポート。
ただし、本書の目的に合わせて、
一般読者でも理解しやすいように若干の修正が加えられている。

「革新的」と「保守的」、あるいは「実行型」と「先延ばし型」――このように他人を評価分類したことがないだろうか。私は、組織に変革をもたらすべく、三〇年にわたり苦闘を重ねてきた。その結果だろうか、私の思考の中には、そうした評価分類が深く刻み込まれ、私の行動に大きな影響を及ぼしていると思われる。トップ・マネジメントがどういう人たちなのか、その評価分類に基づいて、私は関わった組織と本当に仕事をしたいのかどうか、早い段階から考えてしまう傾向がある。しかし、時にはそうした評価分類が大きな間違いにつながる可能性もある。今回の監査訪問で、私はその危険性を認識するに至った。

この会社は、インド国内でＦＭＣＧ（fast-moving consumer goods：日常的に消費され、購入サイクルの速い商品。例えば、練りハミガキはＦＭＣＧであるが、電動歯ブラシはＦＭＣＧではない）を生産している。インドは、とても広大な国だ。今回、国名を特定したのは、インドでビジネスをしたことのないほとんどの人（私自身三年前までは、インドに関わった仕事はしたことがなかった）が、その市場規模の巨大さを理解していないからだ。インド国内で、ＦＭＣＧを扱う小売店舗の数は、六五〇万店。なんと、六五〇万店だ。私の母国、イスラエルの人口よりも多い。

そのインド国内における、この会社の市場シェアは一〇パーセント弱。比率から言えば、中堅企業といったところだ。しかし、中堅といっても、巨大なインド市場でのことだ。ディストリビューター（卸業者）は、二〇〇〇社を数える。その二〇〇〇のディストリビューターを通じて、二五〇万の小売店へと商品が供給されている。

しかし、成長を追い求めるあまりの結果なのか、この会社は自らを危険な状態にさらしていた。時間をかけてボトルネックを解消するのではなく、中間製品の四〇パーセントを外部から購入するという近道をとっていたのだ。*

＊こうした状況は、非常に危険である。例えば、自動車エンジンを製造しているメーカーを想像してみてほしい。自動車エンジンの特に重要なパーツといえば、シリンダーだ。仮に、この会社のシリンダーの製造工程にボトルネックがあったとしよう。そのためにシリンダーの生産個数は限られる。その結果、この会社が販売できるエンジンの台数も限られてしまう。この問題を解決する近道は、必要なシリンダーの四〇パーセントを競合企業から購入することだ。しかしこの近道は、競合相手に自らの身を委ねることになってしまう。

こうした状況を正すためには、ボトルネックの生産能力を拡大することが不可欠だ。この会社の場合も、『ザ・ゴール』で紹介したＴＯＣの標準的な手法を用い、特に大きな投資を要することもなく、プロジェクト開始から六週間も経たないうちに、ボトルネックは四つの工場すべてにおいて解消された。もはや中間製品を外部から調達する必要がなくなったばかりか、逆に他のメーカーに販売できるようになったのだ。

その勢いに乗じて、この会社の改善計画は次の段階に進められた。生産、配送の両機能を持つ多くの会社同様、この会社も工場には倉庫を有していなかった。つまり、工場で作られた製品はすべて同日中に各地に配置された現地倉庫約三〇か所のいずれかに出荷されていたのだ。しかし、もちろん各倉庫におけるSKU一つひとつの将来の需要は、正確にはわからない。その結果、ある倉庫で在庫が多くなりすぎる一方で、別の倉庫では在庫が不足し、クロスシッピング、つまり倉庫間の在庫移動が日常的に行なわれていたのだ。しかし、この問題もすぐに解決され、どの倉庫においても、一〇〇近くあるSKUの在庫は適量に保たれるようになった（四つある工場の倉庫は機能が重複する部分もあるため、これらの工場は戦略的に一つの工場として管理されるようになった）。

そして、改善計画はさらに次の段階に進められた。今度は、実際の消費量に合わせた補充モードの導入だった。これにより、工場の倉庫から現地倉庫への出荷量をコントロールしたのだった。しかし、これは単にコンピュータシステムの変更だけではない、マネージャーの権限の範囲変更を伴う、非常に繊細で難しい作業となった。それまで現地倉庫への配送は、各倉庫のマネージャーの判断で発注されていた。しかし倉庫マネージャーは、もはやその決定権を持たなくなり、その判断はシステムに委ねられた。それぞれの現地倉庫からディストリビューターへの出荷量に従って、システムが自動的に現地倉庫へ製品を補充するようになったのだった。また、各現地倉庫における目標在庫レベルも従来は倉庫マネージャーが決定していたが、これもシステムが決定、常時監視する体制となった。その結果、現地倉庫のマネージャーの責任は、入荷、出荷作業など倉庫オペレーションが適切に行なわれているかを管理することだけに限られるようになったのだった。

そして、品切れがほとんど解消される一方で、同時に在庫も減っていった。その効果は数か月後にはっきりと証明されることとなった。モンスーンの影響で洪水が発生し、ある現地倉庫に保管されていた製品のほとんどが被害を受ける事態が発生したのだ。従来なら、こうした事態が生じると、その地域における製品の供給には長い時間大きな停滞が発生していた。しかし、今回はその停滞が非常に短かく、一週間も経たないうちにすべてが正常な状態に戻っていたと現地倉庫マネージャーから報告があったのだった。

こうした改善努力、その結果としての売上高一〇パーセント増加が、すべて改善プロジェクト開始後五か月も経たないうちに達成されたのだった。なんという早業だろうか。それを可能にしたこの会社のマネージャーたちを、あなたはどのように評価分類するだろうか。きっと革新的で実行型、結果志向型と評価分類するに違いない。個人的には、それ以上だと私は思った。そんな表現では物足りないと思っていた。


話は、これで終わりではない。次は、消費に合わせた補充モードを社内のディストリビューション（工場倉庫から現地倉庫への製品出荷）から、外部ディストリビューション（現地倉庫からディストリビューターへの製品出荷）に拡大することだった。しかし今度は、相手は外部の人間だ。すんなりと事が進むわけはない。

ディストリビューターは、この会社の従業員ではない。各ディストリビューターは、それぞれ独立した会社だ。そのディストリビューターに、消費に合わせた補充モードへの移行を提案するとは、いったいどういうことを意味しているのだろうか。想像してみてほしい。ある日、ディストリビューターのところへ行って、こう言うのだ。「君は、君の会社のオーナーだ。だからいまは、どれだけ私たちのところから君のところへ出荷するかは、君が決めている。発注するのは、君だ。しかし、明日からはやり方を変える。君は、毎日どれだけ売れたかを私たちに報告する。そして、どれだけ君のところへ出荷するかは私たちが決める。だから、君のところにどれだけ在庫を置いておくか、それも私たちが決めることになる」と。

もし、そんなことを言ったら、ディストリビューターからはどんな反応が返ってくるだろうか。おそらく「本気か？　俺たちよりも、この会社をうまく管理運営する方法を知っているとでも言うのか？」などといった厳しい反応が返ってくるに違いない。

少なくとも営業マネージャーは、そう思ったに違いないのだ。ディストリビューターへは在庫不足で製品を出荷できなかったり、逆に在庫を押しつけようと圧力をかけることもしばしばあった。そんな状況を考えれば、きっとそんな反応が返ってくると、営業マネージャーが危惧するのもやむを得まい。そんな提案に、ディストリビューターが同意するだろうかと戸惑いや疑念を持つのも当然なのだ。

そこで、準備は周到に行なわれた。この提案が、この会社とディストリビューター両者にとってウィン－ウィンのソリューションであることが強調され、プレゼンテーションの構築も入念に行なわれた。また、相手がどう反応するのか、ありとあらゆるシナリオを想定して受け答えを準備した。そして、その対象としてまず規模の大きなディストリビューター六八社が選ばれ、二〇〇五年五月までに、新しいモードがディストリビューターに提示された。そして驚いたことに、六八社すべてのディストリビューターが、この提案に同意したのだった。しかし、その後の数週間は、この会社のトップ・マネジメントにとっては緊張感の高まる日々が続いた。過剰在庫が掃き出される間、これらのディストリビューターへの売上げが著しく低下したからだ。しかしその後、売上げは着実に増え、そしてすべてが正常に戻った。その後二〇〇五年末までに、この補充モードはさらに五〇〇のディストリビューターに拡大され、現在ではこの会社の売上げ全体の六五パーセントをカバーしている。売上げは、対前年比で約三〇パーセント増。市場の成長率を大きく上回る結果となったのだ。

では、ここで一度、これまでの流れをまとめてみよう。まずはTOCを用いて製造工程が改善され、製品の供給能力が増し、売上げ向上にもつながった。さらに生産した製品をすぐに現地倉庫に押しつけるのではなく、工場に倉庫を用意し、そこに在庫を置くことで、さらに製品の供給体制が改善された。また、消費に合わせた補充モードを内部ディストリビューション、さらには外部ディストリビューションに導入することで、ディストリビューターの製品の供給体制もほぼ完璧なレベルに達した。そしてこうした改善努力の結果、特に大きな費用や投資の増加を必要とすることなく、売上げが三〇パーセントも増加した（もちろん、工場の生産能力拡大や工場の倉庫に在庫を確保のためにある程度の投資は必要とされたが、現地倉庫の在庫投資がそれ以上に削減され、これらの投資も十分に相殺された）。会社は記録的な利益をあげ、マネージャーたちは多額のボーナスを手にした。と、こんなところだろうか。

しかし、わかっていると思うが、これですべて終わりではない。ここまでの作業は、実は次のステップの土台作りでしかない。売上げ、そして利益を劇的に増やすために、小売レベルにもこの補充モードを拡大しなければいけないのだ。小売レベルでの取り組みが、最も大きな効果を生み出すからである。その理由は二つ。まずは、商品のバラツキは小売店レベルがいちばん大きく、その結果、品切れも小売店レベルがいちばん多いことだ。そのため、小売店における品切れをなくすことが、いちばん売上げ増の効果が大きい。二つ目の理由は、商品の陳列スペースとキャッシュが小売店では大きく制限されていることだ。その結果、一小売店が扱うことのできるＳＫＵの数はどうしても限られてしまう。典型的な小型店舗が扱うことのできるＳＫＵは、この会社が供給している一〇〇あるＳＫＵのうち、わずか五つぐらい（インドの小型店舗は文字どおり非常に小さい）、通常規模の店舗でも一〇から二〇くらいと比較的少ない。

補充モードをこうした小売店にも導入すると、小売店の品切れは減少し、同時に在庫も減少する。また、補充頻度が高ければ高いほど、その効果も大きい。例えば、補充頻度を週一回から、一日一回に増やすことで品切れはほとんどなくなり、在庫も半分以下にまで減らすことができる。このように在庫が劇的に減り、費やしたキャッシュ、および陳列スペースの割に商品がよく売れるようになったことで、小売店もより多くこの会社の商品アイテムを扱おうという気持ちになる。品切れが著しく減り、そして一店舗あたりの取り扱いＳＫＵの数も増え、その結果、売上げは大きく伸びるのである。

ディストリビューターに補充モードを拡大するところまでで、すでに売上げは三〇パーセント増加した。今度は、それを小売店にまで拡大するのだ。これで売上げ増は、少なくともその倍は期待できる。まさしくこれが、この改善プロジェクトの転換点に違いないのだ。

例えば、補充モードを小売店にまで拡大することで、控えめに見積もっても、売上げがさらに三〇パーセント増加するとしよう。つまり合計で、六〇パーセントの増加だ。工場の生産能力はすでに改善されているため、特に費用をかけることなく、この六〇パーセントの売上げ増には容易に対応することができる。また、この会社の製品の変動コストは、合計して販売価格の六〇パーセント、つまりスループットは残りの四〇パーセントになる。つまり、この会社の利益は、従来の売上比で二〇パーセント以上（0.6×0.4＝0.24）も増える計算になる。この改善プロジェクトを実行する前、この会社の純利益は、業界平均をわずかに上回る売上高利益率六パーセント程度だった。しかし、それが今度は大幅な売上げの増加とともに利益率も二〇パーセントに達しようというのだ。この業界では、前例のない高い水準だ。それが社員の士気や株主の信頼にどのようなポジティブな効果をもたらすのか、考えてみてほしい。

しかし、この改善プロジェクトの効果はそれだけではない。真の効果は知るには、別の角度からも検証してみる必要がある。そしてその結果、具体的にどのような機会が大きく開かれているのか知らなければいけない。

ディストリビューターの売上げ増は、すでに三〇パーセント。そして同時に、在庫はいままでの六〇パーセントとなった。将来、補充モードを小売店に拡大したとしても、小売店への出荷頻度が増えるため、ディストリビューターは自らの在庫量を大きく増やす必要はない。そのディストリビューターの主要評価基準の一つが在庫回転率だ。例えば、回転率の一〇パーセント増というのは、ディストリビューターにとっては非常に大きな成果と見なされる。それが一〇パーセントではなく、二五〇パーセント以上（1.6÷0.6）も増えるのだ。インド市場を全域カバーするには、この会社の製品を取り扱っている小売店の数を、現在の二五〇万店から六五〇万店に拡大しなければいけないが、それだけの在庫回転率があれば、新規のディストリビューターを見つけるのにもそう苦労することはないはずだ。そしてもちろん、その拡大がさらにこの会社の売上げと利益増加に大きく貢献するのだ。

その真の可能性、無限の可能性は、補充モードの小売店への拡大が、いったい実際にどのような効果をもたらすのか検証してみなければわからない。はたして、補充モードは小売店に大きな効果をもたらすのかどうか。一見したところでは、大きな効果は期待できないようにも思える。それは小売店の売上高におけるこの会社の製品が占める割合が五パーセント未満と非常に少ないからだ。

しかし、もう一度よく観察してほしい。FMCGを主に販売する規模の大きな小売店は、スーパーマーケットである。そのスーパーマーケットにとって、利益が売上高の二パーセントというのは、西側世界においては、決して悪くない数字である。むしろ非常に好ましい数字であることは、あまり知られていないと思う。そして、スーパーマーケットのFMCGの利幅は一五〜三五パーセント程度。しかし純利益は、経費や従来からの非効率なオペレーションのため、これよりもずっと少ない。

だが、あまり気の毒に思う必要はない。販売量の多さ、また投資コストが比較的少ないことを考えれば、売上高利益率二パーセントでも、スーパーマーケットは非常にいいビジネスなのだ。これに対し、インドの小型店舗の利幅はこうしたスーパーマーケットより少ない。また、経費もずっと少ないが、オペレーションが非効率なところは同じだ。これらを合計すると、ほとんどの小型店舗の売上高利益率は一パーセントをわずかに下回る程度であることがわかる。

利益率が一パーセント未満と少ないこと、また、たくさんの種類の商品を扱っていて、それぞれの商品が全体に占める割合が極めて少ないことを考えれば、小型店舗のオーナーが、どの商品がよく売れて、どの商品があまり売れていないのかについてとても敏感であることは容易に想像がつく。また、規模の大きな店舗においては、どの商品をたくさん店頭に並べるのか、あるいはどの商品を撤去するのか、その判断基準になるのは陳列スペースあたりの売上高だ。そんな状況の中で、この会社の製品の売上げが、在庫や陳列スペースを増やすことなく五〇パーセント増えるとすれば、小売店にとってこれほどありがたい商品はないのだ。*

＊競合他社がこれに対抗しようとしても、現実的に極めて難しい。この会社のソリューションを模倣することは容易でなく、また心理的にも大きな障壁があるからだ。簡単な対抗手段としては、従来からよく用いられているリベートやギフト、あるいは単純に値引きすることなども考えられるが、こうした措置には無理がある。例えば、この会社の製品が、ある小売店の売上げ全体に占める割合は二パーセント。そして、その売上高の増加は六〇パーセントだったとしよう。また、この小売店の利幅はわずか一〇パーセント。この場合、競合他社がこの会社に対抗する、つまり同程度の利益を小売店にもたらすためには、小売店への販売価格を六パーセントも下げなければいけないのだ。つまり、ほとんど利益は残らないことになってしまう。

この会社の製品を販売することで、利益が増加するのを目の当たりにすれば、小売店もさらにこの会社の多くの種類の製品を販売したいと思うに違いない。特に、小売店にとって、従来から利幅の大きな製品をこの会社が提供してくれれば、なおさらである。つまり、補充モードを小売店にまで拡大することで、市場への新製品の投入がより容易になるかもしれないということなのだ。しかし、この会社が、こうしたチャンスを今後どれだけ活かし、売上げ、利益の向上に結びつけることができるのかは、時が経ってみなければわからない。

だが、私はその結果に落胆を覚えた。補充モードの小売店への拡大は、まったく実行されていなかったのだ。それまで、私は、この会社のトップ・マネジメントは革新的で実行型の人間だと信じていた。それだけに、彼らの明らかな努力の先延ばしを目にして、私は大きな失望感を味わわざるを得なかった。そして翌年になっても、彼らには具体的な動きはいっこうに見られなかった。それは、ある種の「麻痺」状態だった。いや、小売店にまで補充モードを広げる必要などないとする意見が数多く出されていたことを考えると、故意に麻痺状態に自らを置いていたのかもしれない。

なぜ、彼らの行動はこうも急激に変わってしまったのだろうか。

私は、長いことその理由について考えてみた。人のなかには、他の人より新しいアイデアにオープンで革新的な人もいる。自らの経験を通して、私はそう信じている。しかし一方で、人を革新的、保守的、あるいは実行型、先延ばし型などと評価分類するとなると、この会社のマネージャーたちの突然の変貌ぶりは、いったいどう理解したらいいのだろうか。ある日突然、その分類が変わってしまったとしか考えられなくなるのだ。まさに奇妙な話である。

The Choice

第16章

人はもともと善良である

いったい、彼らの行動パターンが変わってしまった理由は何だろう。私は自分の力を試すために、あえて父のアドバイスに耳を塞ぎ、自分の頭の中に最初にどんな考えが浮かぶのかに集中した。彼ら（この会社のマネージャーたち）はいま、世界の頂点に立っている気分に違いない。業界でも群を抜く業績を記録し、多額のボーナスも手にした。誰もが、その偉業を褒めたたえている。彼らにしてみれば、もうそれで十分なのかもしれない。

小売店への補充モードの拡大には、莫大な労力を要する。二五〇万もの小売店を相手に、これまで誰も試したことのない新しい販売手法を立ち上げるのだ。とてつもなく大変な作業になることは容易に想像がつく。それを考えれば、もうこれで十分と彼らが思っても仕方がないことなのかもしれない。それに、うまくいくという保証はどこにもない。売上げが大幅に増えることなど、誰も保証してくれないのだ。だったら、無理をせずにこのままでいいと思うのも頷ける。

それにディストリビューターの企業オーナーと、小さな小売店のオーナーとでは違う。ディストリビューターはれっきとした企業で、月々の売上げ規模も大きい。そのオーナーは、財務諸表やコンピュータシステムにも精通したビジネスのプロだ。一方、小さな小売店のオーナーは、コンピュータなど持ってもいないだろうし、多くは在庫回転率などという言葉さえ耳にしたこともないだろう。そんな人たちに、このソリューションを提示しても理解できないかもしれないし、まして協力してくれるかどうかなどまったくわからない。だから、この会社のマネージャーたちが、ここで足踏みして次のステップに進むことをためらったとしても無理のないことなのだ。

私の頭には、ざっとそんな考えが浮かんだ。さて、父は私の分析をどう思うだろう。

きっと、あっけなく却下されるに違いない。

彼らは、無理してまでリスクを負いたくはない。だから、前へ進もうとはしない。それが私の分析だ。しかし、そんな仮説は、予想される結果のテストに耐えることはできない、と父は言うに決まっている。このプロジェクトが開始された時、この会社は、すでに良好な状態にあって、純利益も業界平均を上回っていた。だから、わざわざリスクを冒す必要などない、と考えるマネージャーもいるだろう。そういう人は、これまで長年続けてきた方法やポリシーを積極的に変えようとは思わないだろう。しかし今回、製造工程の改善や内部ディストリビューション、外部ディストリビューションの改革には、彼らも熱心に協力してくれた。一年もかからず、こうした努力を成し遂げたのだ。そんな彼らが、ここにきて突然、安定を求めて前進するのをやめたとは考えにくい。二〇〇五年末、改革プロジェクトは順調に進んでいた。それが翌年になって、急にストップした。これは、単なる中休みなどとは言えない。

確かに、小売店を相手に補充モードを拡大していくのは、これまでよりもはるかにリスクが大きい。

だけど、そんなことを言ったら、父はきっと「そうかい？　どうして？　工場に倉庫を作るのだってリスクが要る。ディストリビューターが抱えていた在庫を吐き出させるのにも、リスクが要る。二五〇万店すべてでなくてもいい。とりあえず、そのうち一〇〇〇店だけを選んで補充モードを提案し、彼らがどういう反応を示すのか見るのに、どんなリスクがあると言うんだね」と皮肉を込めて質問してくるに違いない。

しかし、二五〇万もの小売店すべてを説得するには膨大な労力を要する。たかだか三〇か所の現地倉庫や、ディストリビューター二〇〇〇社を説き伏せるのとはわけが違う。リスクは、何千倍も大きいのだ。

満面に笑みを浮かべる父の表情が、私には想像できた。そして、きっと父はこう言うのだ。「エフラット。二五〇万という数は、おまえにとっては恐ろしく大きな数字に思えるかもしれない。しかし、彼らは毎日それだけの数を相手にビジネスをしているんだ。

すでに、それだけの数の小売店に商品を供給して、それをサポートするインフラも持っている。それが彼らの日常なんだ。日頃からプロモーションと称する販売促進活動も定期的に頻繁に行なっている。それが今回の新しい販売方法を提示するのと、いったい何が違うのかな」

これはあくまで私の想像の域を出ないが、きっと父はそんなふうに言うに違いないのだ。よかった。頭の中の予行演習のおかげで、父の前で恥をかかずにすんだ。しかし、そう考えてみると、この会社のマネージャーたちが足踏みをしている理由は、リスクを負うのが嫌だからではないはずだ。小売店への補充モード拡大は、ほとんどリスクなどない。だったら、他に何か理由があるはずだ。

最初は、マネージャーたちがリスクをとろうとしないのが原因だ、と私は分析した。要するに、マネージャーたちに非を求めたのだ。しかし、その分析は証明できなかった。むしろ、小売店への補充モード拡大による利益の大幅増加が見込めることを考えると、非を求めるというより、マネージャーたちを弾劾するようなものだ。小さな小売店のオーナーのこともそうだ。小さな小売店のオーナーなんて何もわかっていないのだ、と考えた自分が恥ずかしくなる。私自身、彼らと値段交渉した経験はこれまで何度もある。

そして、たいていは私が負けるのだ。そんな彼らがビジネスのプロではない？　補充モードを提案しても、そんなこと理解できるはずがない？　まったくのナンセンスだ。

しかしとにかく、自分ひとりで考えて、それがわかっただけでもよかった。しかし、こうして自分で答えを出すことができたのは、自分の答えは父の前できちんと正当化しなければいけないこと、そして父がその答えをどのように分析するかがわかっていたからだ。でなければ、いま頃、マネージャーたちがリスクを嫌がっているからだなどという安易な答えにきっと満足して、それ以上は考えることもしなかっただろう。もし、そうだとしたら、いったいどうなっていたのだろう。きっと、次の段階、つまり補充モードを小売店まで拡大することなんて、無理して推し進める必要などないと納得していたに違いない。小売店に補充モードを拡大することは、潜在的に大きな利益拡大につながる可能性を持っている。その可能性に対する期待感を自ら下げてしまっていたに違いないのだ。それだけではない、人に対する疑心が増していたに違いないのだ。

おそらく、父が正しいのだろう。私は、おそらく人の行動に対する見方をもう一度見直さなければいけない。妥協が見出せないような対立に直面した時、人は相手を責める傾向がある。相手にその対立の原因を押しつけようとしてしまうのだ。それがわかった時から、私は人に対する見方を見直さなければいけないと思いはじめた。しかし、その傾向が自分が思っていたよりもはるかに強いものであることも、今回の件で私は認識した。自分が対立に直接関わっていない時でさえ、人を責めてしまうのだ。今回は、目に見えてはっきりとわかる対立などなかった。そんな状況でさえ、悪いのはマネージャーたちだと私は決めつけていた。はっきりとした根拠もなく、相手を責めて、利益拡大の好機を見逃すところだったのだ。

父が何と言うか、私には想像がつく。私の説明を聞いて、じっと考え込む父の様子が目に浮かぶ。明晰な思考をするための鍵は、『ものごとは、そもそもシンプルである』という考え方を信じることだ。それに勝るとも劣らず大切なのが、『人はもともと善良である』という信念だ。どんな仮説を立てるにしても、いきなり人に非を求めるのではなく、本当に相手に責任を求めていいのかどうか、その検証がなされなければいけない。父は、そう言うに違いないのだ。

これまでの私だったら、そんなことに耳を貸すこともしなかっただろう。心理学者として、人の性質についてさまざまな議論があることは、私も承知している。性悪説もあれば、性善説もある。生まれた時は善良であっても、まわりの環境の影響で善から悪へ変わっていくのだと唱える人もいる。しかし、心理学者が取り扱う事例の大半は、人が望ましくない行動を取っているケースだ。私も心理学者だ。だから、人は善良だと言われても、それをいったいどうとらえていいものなのか、よくわからない。

しかし一方で、父の考え方は非常に実用的で、実際に機能もしている。充実した有意義な人生を送る可能性を高めたいと望むのであれば、ものごとを明晰に思考する方法を身につけなければいけない。そしてそのためには、すぐに人を責める癖はなくさなければいけない。はっきりとした根拠もなく、人に非を求めてはいけないのだ。その障害が、知らないうちに自分たちにどれだけ染み込んでいて、そしてそれがどれだけ壊滅的な結果をもたらしかねないのかが、今回はっきりとわかった。まわりの人の行動については、もっと注意して考えなければいけないのだ。

このことについては、また今度あらためてゆっくりと考えてみよう。その前に、どうしてこの会社のマネージャーたちが補充モードの小売店への拡大をためらったのか、その理由を突き止めなければいけない。私だって、組織心理学者だ。何か、いい理由が思い浮かんでもよさそうなものなのだが……。

何が違うのだろうか。途中まで改善プロジェクトは順調に進んでいた。いったいその後、彼らの行動はどう変わったのだろうか。もしかすると、改善プロジェクトの段階自体に大きな違いがあったのかもしれない。改善が順調に進んだところまでは、自分の会社、あるいはいつも緊密に取引をしているディストリビューターがその対象だった。いつも慣れ親しんだ範囲内での努力だ。しかし、小売店は違う。小売店は、彼らの『コンフォートゾーン』、つまり居心地のいい範囲の外だ。もしかするとマネージャーたちが小売店への補充モードの拡大をためらったのは、小売店がコンフォートゾーンの外だったからなのかもしれない。コンフォートゾーンの外に飛び出すことに、ためらいを感じていたのかもしれないのだ。

これは、説得力のある分析だ。しかし、そんな説明だけではダメだ。もっとはっきりと具体的に理解できない限り、それはあくまで耳触りのいい言葉でごまかしているだけにすぎない。

私は、少々後悔していた。父のテストなど受けなければよかった。しかし、一度受けることにしたからには、簡単に降参するわけにはいかない。もう少し頑張って考えてみよう。

The Choice

第17章

＜ゴールドラット・レポート＞

コンフォートゾーン Part2

人がどのような行動を取るかは、それぞれの人が持っている『コンフォートゾーン』に依存していると広く理解されている。そのように考えると、なぜ、この会社のマネージャーたちが補充モードの小売店への拡大にストップをかけたのか、その説明もつく。人は、自らのコンフォートゾーンにいる限り、オープンな考え方や行動をすることが期待できるが、しかし、一歩でもコンフォートゾーンの外に出ると、二の足を踏んだり、抵抗を示すようになるのだ。

しかし、そもそもコンフォートゾーンとはいったい何なのだろうか——その意味が明確に定義されていない限り、またコンフォートゾーンが人の態度にどう関与しているのか、そのメカニズムがはっきりと説明されない限り、個人的に、私はそのような説明で簡単に納得することができない。

では、コンフォートゾーンとは、いったい何だろうか。

普通に考えれば、コンフォートゾーンとは、自分の支配力が及ぶと感じている範囲、あるいは少なくとも十分な影響力を及ぼすことのできる範囲ということになるだろう。だとすれば、先の会社の経営陣の行動も説明できる。コンフォートゾーンの中にいれば、自らのオペレーションに関する限り、あるいは自らコントロールできる範囲内に関する限りにおいては、稲光のような速さで動くことができる。しかし、その領域から一歩飛び出してしまうと、様子は少しばかり変わってくる。この会社の場合、まず、ディストリビューターに補充モードを広げるにあたって、その領域から飛び出さなければいけなかったわけだが、その段階でまず最初のためらいの兆候が現われた。しかし相手は、この会社の製品のみを扱っているディストリビューターだ。そのため、領域外と言っても、まだまだ相手に対して十分な支配が及んでいると考えてよかった。その結果、最初彼らの動きに多少の慎重さはあったが、すぐに積極果敢に事は進められていった。しかし相手が小売店となると、様子は一変する。小売店にとって、この会社の製品は彼らの売上げのほんのわずかを占めるにすぎない。自分たちの支配力、あるいは十分な影響力が及ぶ範囲に小売店はないと、この会社の経営陣は感じたに違いない。そして、彼らの行動は大きく変わってしまったのだ。

この説明は、この会社の状況にぴたりと当てはまる。だが、ということは、小売店に対し何らかの支配力、影響力を及ぼす方法が見つからない限り、この会社はずるずると補充モードを小売店へ拡大できずにいるということになる。しかし、これは多くのケースにおいて、私が自ら経験してきた事実とは異なる。例えば、ある部品メーカーの例を考えてみよう。この会社は、製造した部品を他のメーカーに販売している。通常、部品メーカー、つまりサプライヤーには十分すぎるほどたくさんの競合企業がいるもので、自らが販売している部品はクライアントの売上げのほんの一部を占めるにすぎない。ということは、クライアントに対して十分な支配力や影響力は有していないことになる。だが、こうした状況においても、ほとんどの場合、私の経験では、クライアントに革新的なオファーを提示することを、サプライヤーに納得させるのに苦労したことはあまりない。

そうなると、コンフォートゾーンとはいったい何なのか、その考え方をもう一度見直さないといけなくなる。この会社、そして前記の部品メーカーの両方を含め、すべての事例に当てはまるコンフォートゾーンとはいったい何だろうか。コンフォートゾーンとは、『人が、原因と結果に関して十分な知識を有している領域、また、ある行動に対してどのような結果が予測されるのか十分な知識を有している領域』というのはどうだろうか。*

*こうした知識は、状況に対して効果的に影響力を及ぼすことのできる能力にもつながる。ゆえに、コンフォートゾーンが支配力、影響力に関連づけられることがあっても、それは

当然のことと考えられる。

この定義に従うと、人をコンフォートゾーンの外に追いやるシナリオは以下のとおりとなる。

①ある望ましい結果に達するために、特定の行動を起こすことが促される（あるいは強制される）。②促された当人は、関連する原因と結果に関する自らの知識に基づいて、促された行動では、望まれる結果を達成することはできない、あるいは達成する可能性が極めて低いと確信する。

この定義に従えば、私たちが用いているのとは異なる原因と結果の関係を人が信じている場合、その人は当然、抵抗を示すことになる。いったい、どれぐらいの抵抗だろうか。それは、その人がその原因と結果の関係をどのように信じるに至ったのか、その状況にも拠る。ここでは、その状況を二つに分けて考えてみたい。一つは、実際に自ら経験したことのある状況、そしてもう一つは、実際には自ら経験したことのない状況だ。

まず、一つ目の「経験あり」の状況だが、これは何十年も続けてきた、しっかりと根ざした行動パターンを変えようとするような場合だ。例えば、この会社のマネージャーに提案したような変化もその一つだ。以前はこうした変化がいちばん難しいと私も思っていたが、いまは必ずしもそうとは思わない。ただし、決して簡単だと言っているわけではない。これよりも難しい状況があることに気づいたからだ。「経験あり」の場合、クライアントが認識している原因と結果の関係は、彼らが持つ膨大な経験に基づいたものだ。そして、その原因と結果の関係に欠陥が存在する場合、それは彼らに経験が不足しているからではなく、彼らが間違ったパラダイムのもとで活動しているからだ（こうしたパラダイムは、部分最適化のもとに構築されたものが多い）。私たちの提案は、それとは異なるパラダイムから導き出された原因と結果の関係に基づいており、つまり、そのような提案を相手に示すことで、相手を彼らのコンフォートゾーンから追い出すことを意味する。

わかりやすく説明しよう。例えば、クライアントに何の説明もなく突然、こうすべきだと、ある特定の行動を提案したとしよう。その時、クライアントはどんな反応を示すだろうか。何の説明もないのに、すぐに、「はい、そうですか」とこちらの提案に従う人がいるだろうか。そんなことはあり得ない。

だからこそ、そうした場合は、まず最初に、相手に新しいパラダイムのロジックをよく説明し、相手が持つ膨大な経験をもって、その有効性を検証してもらうことを忘れてはいけない。彼らには多くの経験があり、それは二つの面で役に立つ。まずは、先述のとおり、彼ら自身の経験を用いて、「新しい」原因と結果の関係を検証してもらい、そしてそれを受け入れてもらえること。第二に、私たちの提案を彼らの環境に適応させるため必要な詳細を用意するのに彼らの経験が役立つことだ。

しかし、「経験がない」二つ目の状況の場合は異なる。これは、こちらが提案した行動が、相手が何ら関連した経験を持ち合わせていない未経験の領域に関わる場合だ。そうした状況においては、彼らの原因と結果の関係は、あくまで自らの経験に基づいて推定したものにすぎず、その推定には欠陥が存在していることがしばしばある。極端な場合、まったく何の関係性も持たないことがあるのだ。

そこまで極端ではないにしても、ディストリビューターに補充モードを拡大するよう、この会社に提案したのもその一例と考えていい。この会社のマネージャーたちの経験は、自分たちの会社の現実に基づいたものだ。その現実においては、在庫の回転率はそれほど重要な指標とは見なされていない。あくまで、数多くある指標の一つでしかないのだ。その限られた視野に基づく限り、実際にはディストリビューターにとって在庫回転率が非常に重要な評価指標であるにもかかわらず、どの商品をどれだけ発注したらいいのか、その決定権を相手に渡さず自分たちで死守することの方が、ディストリビューターにとっては在庫回転率を向上させることよりもずっと重要であろうという判断につながってしまうのだ。そうであれば、ディストリビューターが前向きな反応を示すであろうことを予測できなかったとしても仕方がないのだ。しかし幸いなことに、この会社の経営陣にも在庫回転率の重要性を理解できるだけの経験はあった。そのために、補充モードについては多少のためらいはあったかもしれないが、十分に説明することでそのためらいも克服してもらうことができたのだった。

だが、相手が小売店となると話は変わる。ＦＭＣＧ（動きの速い一般消費財）を販売する小売店にとって、売上高利益率二パーセントというのは十分に満足できる数字だし、売上げ全体の五パーセントを占めるような商品なら、もうそれは立派な主要商品なのだ。また、インドの小売店のマージンは、一般的に一五パーセントと非常に少ない。さらにＦＭＣＧの制約要因は、商品の陳列スペース（とキャッシュ）だ。その結果、ＦＭＣＧを販売する小売店にとって最も重要な評価指標は、陳列スペースあたりの売上げとなるのだ。

これは、この会社の経験則とは大きく異なる。この会社にとって、売上高利益率が二パーセントというのは恥ずべき数字で、売上げは主に二つの製品の販売から成り立っており、またマージン三〇パーセントというのもまったく満足できる数字ではない。陳列スペースが制約要因になることはあり得ないし、キャッシュでさえ制約要因になることはほとんどない。いちばん違うのは、小売店が常に陳列スペースあたりの売上げというプレッシャー下で活動しているのに対し、この会社はそうした環境下における直感というものを持ち合わせていないことだ。

ゆえに、小売店は補充モードを軸とするオファーに対してあまり大きな魅力を感じないであろう、あるいは小売店は補充モードの導入が少しでも大変だと感じればすぐに拒絶してしまうであろうといった誤った結論にこの会社の経営陣が達してしまったとしても無理のないことなのだ。

補充モードには、新しい原因と結果の関係が伴う。この会社のマネージャーは、その新しい原因と結果の関係を検証し、取り入れるのに必要な経験を持ち合わせてはいない。だから、どれだけ小売店の環境条件を事細かに説明したとしても、彼らを納得させるには至らないのだ。それに、そんな説明だけでは、どのようにしたらこの補充モードを特定の環境条件に適合させることができるのか、その詳細を提供するために必要な確固とした事例を、彼らに提供することもできない。

原因と結果の関係が不適切な推論に基づいているのだとすれば、説明だけで事が足りるはずなどないのだ。では、説明だけで事が足りないのであれば、必要とされる変化を実現するにはいったい何をし、何をしてはいけないのだろうか。

まず、してはいけないことだが、『妥協』は禁物だ。残念なことに、人は強い抵抗に遭うと、前に進むことをやめて自らを麻痺状態に置いてしまうことがある。そういう場合、人は自然と妥協をしたがる。だが、これは大きな間違いだ。抵抗に遭った場合、本来は、相手にいかに自分の考えを伝えたらいいのか、周到に考えて行動すべきなのだが、しかし人には、妥協に逃げたがる強い傾向がある。だから、しばしば妥協という行動と、周到に図られた行動が混同されることがある。

例えば、この補充モードの場合、妥協として考えられるのは、小売店に対するリベートやギフトの提供だ。しかし、そのような妥協は、そもそも考え方の出発点が間違っている。そうした妥協は、あくまで、補充モード自体が小売店にとっては十分魅力あるものではないという前提に立っているからだ。

また、小売店へ補充モードを導入する際に、時間と労力をかけ、それぞれの小売店に合った導入システムを用いるのではなく、ディストリビューターに補充モードを導入した際に用いた方法をそのまま用いるのも妥協になる。これも、小売店に補充モードを導入してもそれほど大きな効果は得られないだろう、小売店ごとに導入方法を変えなければいけないほど大きな効果は得られないだろうという間違った出発点に立っているからだ。*

＊例えば、販売しているＳＫＵの数が二〇にも満たなかったり、一回に配送される商品の量がごくわずかな小売店の場合は手作業で対応した方が楽で、わざわざコンピュータシステムを用いることは面倒で無駄も多くなる。

そして、小売店への配送頻度を現状のまま変えないのも妥協になるだろう。これは、努力に値するほど補充モードが魅力的だとは小売店が考えてはいない、という間違った出発点に立っている。また補充モードは、増加するであろう配送コストを正当化するに足る十分なメリットをもたらすことはないという間違った出発点に立っている。これはソリューションの核心に関わる妥協のため、特に厄介だ。配送頻度が現状のままでは、大きな売上げ増加はとうてい期待できないからだ。

さて、これで何をしてはいけないのかは、はっきりしたと思う。出発点では、決して妥協してはいけないのだ。間違った原因と結果の関係に基づいて、補充モードの導入方法を変更してみたり、あるいはそのままにすることがあってはいけないのだ。

では、今度は、何を出発点にすべきかだ。それは、新たな領域・現状(提案した行動に関わる領域・状況で、経営陣が経験を有していない領域・状況)に関わる的確な説明だ。的確な説明とは、正しい原因と結果の関係を立証する事実を提供できる説明のことを意味するが、これにも劣らず重要なのは、そうした事実をもって、経営陣が持っている既存の推論が有効でないことを立証できることだ。もちろん新しい原因と結果の関係を提示できたとしても、それがすぐ全面的に支持されることなど期待してはいけない。大事なのは、経営陣が従来の自分たちの推論に、もしかしたら間違いがあるのではないかとその有効性を疑いはじめ、私たちが提示した原因と結果の関係の方が正しいのではないかと考えはじめることだ。似たようなケースがあれば、ここでそれらを紹介するのも効果的かもしれない。ただし、「私たちの場合は、違いますから」という拒絶反応が返ってきたとしても、そう驚く必要はない。逆に相手が完全に納得しているように見える場合でも、相手には必要とされる経験がないわけだから、すぐに新しい原因と結果の関係を完全に取り入れてくれるであろうなどと期待するのは過大な望みであり、まして自分たちの状況に合わせて、向こうが勝手に必要な修正を行なってくれるだろうなどと期待するのは馬鹿げてさえいる。

だからこそ、次の段階では検証作業、つまりテストが必要になってくるのだ。しかしテストというと、引き延ばしすることが目的のものが多いが、今回のテストはそういった類のテストではない。この会社の将来の行動を決定する極めて重要なテストなのである。したがって、どのようなテストを行なうか決めるにあたっては、経営陣がそのテスト結果を定期的に検証する必要があることも頭に入れたうえで、決めなければならない（さもなければ、テストの重要性はどんどん低下して、ついには誰もその結果を分析さえしなくなってしまう）。

したがって、そのテストの設計にあたっては、以下二つの目的を念頭にこれを行なわなければいけない。

1　補充モードの提案がどの程度受け入れられたか、あるいはどの程度拒絶されたかを確認できること。

2　結果を売上げ増などの数値によって客観的に確認できること。

こうしたテストの設計は、経営陣だけに任せておいてはいけない。きちんとサポートしたうえで設計を行なわないと、大きな失敗、つまり現実を歪めかねないような大きな失敗につながる危険性があるからだ。

この一つ目の目的だが、例えば、大規模小売店舗においては、商品の搬入口が大きなボトルネックとなっている場合が多い。しかし、そうした状況をこの会社のマネージャーたちは、もしかすると認識していないかもしれない。そうした場合に、失敗が起こる可能性があるのだ。すでに搬入口がボトルネックになっていれば、店舗側が商品の配送頻度を増すことにためらいを示すことは十分に想定できる。そのためらいを、この会社のマネージャーたちは補充モードそのものに対するためらいと理解してしまい、その結果、補充モードは大型店には不向きで小型店舗にのみ適したソリューションだと考えてしまうかもしれないのだ。

次に、二つ目の目的だが、例えば、在庫減少に成功したとしても、その効果を十分に活かし切れないといった事態が起こる可能性が想定される。大型店舗の場合は、商品の在庫が減少したとしても、既存の商品陳列スペースは、継続して維持確保していくことが重要で（さもなければ、売上げは一時的に増加したとしても、すぐにまた減少してしまう）、また小型店舗においては、在庫が減少したなら、より多くのSKUを取り扱うようにさせなければいけない（さもなければ、潜在的な売上げ増はその半分しか実現されない）。

こうした例は他にもたくさんあるが、いちばん重要なのは、自らのコンフォートゾーンの外へ押し出された人たちに、私たちの提案のベースとなる原因と結果の関係（彼らの予想とは真っ向から相反する原因と結果の関係）に本当にメリットがあるのかどうかを判断する十分な経験がない場合、はたして説明だけで、時間と労力を費やしてテストを立ち上げ、監視し、そして分析する動機を彼らに与えることができるかどうかということだ。エドワード・デミング博士は、途中でやり直すことは、最初から正しくやることよりずっと難しいと繰り返し述べている。この会社の場合、私たちは最初の抵抗に妥協をもって反応してしまった。したがって、やり直しが必要となってしまった。そのために、一年半近くもの時間を無駄にしてしまったわけだが、まだ軌道を修正することははたして可能なのだろうか。

とにかく、私は努力してみた。二時間近くかけて小売店の現実を説明し、そしてその環境を支配する原因と結果の関係と陳列スペースあたりの売上げの役割についても説明を行なった。さらに、類似する具体的な事例も紹介もした。そして、彼らにテストを行なうべきだと提案し、その詳細と、そのテストからどのような結果が想定され、それがどのような結論、行動を引き起こすのかも説明した。そして、その努力は成功した。二週間もしないうちに、この会社は広範な(広範すぎるほどの)テストを開始したのだった。

この事例から、私は多くを学んだ。どのような状況において、テストの実行を主張することが重要なのか、を学ぶことができた。うれしかったのは、人に関しては、自分の意見を変える必要がなかったことだ。つまり、人の行動というものは決して行き当たりばったりではないということだ。どんなにオープンマインドな人でも、私の意見が彼らの理に適っていないのであれば、私の意見に合意してはくれない。しかし、オープンマインドな人は、他人の意見に対し聴く耳を持っており、こちらがきちんと説明すれば(そして、それが重要な事柄であれば)、自分たちが持っている原因と結果の関係を見直すことを善しとする柔軟性を持っているものなのだ。

The Choice

第18章

感情、直感、そしてロジック

「父さん。これまでの話は、すべて始まりにすぎないのよね。より速く、かつより明晰にものごとを考えるには、その状況、状況に合わせたテクニックが必要なのもわかっているわ。私もいくつか長年使ってきたし、他にももっと、使ったことはないけど、いろんなテクニックがあることも知っているわ。それにいままで父さんと話してきた内容は、他のいろんなことにも当てはまることなのよね。でも、一つだけすっきりしないことがまだあるの。父さんが説明してくれたアプローチに何か根本的な欠陥があるんじゃないかと思うぐらい、すっきりとしないわ」

「いいじゃないか。どうやら、時間を無駄にはしてこなかったようだ。少なくとも、誰か偉い人がそう言ったからというだけで、相手の言うことを鵜呑みにしてはいけないことは学んでくれたようだ。いつも注意深く、そしていつもよく考えて、前提と結論が現実に則しているか確認することを忘れてはいけない」

「それよ。すっきりしないのは、それなのよ。私をはじめ、心理学者っていうのは、人の感情的な抵抗に特に注意するように訓練されているの。だけど、父さんにとっては、すべてが単に冷めた事実、事実に基づくロジックでしかないわ」

「なるほど……もし、本当にそう思っているなら、どこか私の説明に根本的な欠陥があるのかもしれないな」

そう言うと、父はパイプから灰を捨て、新しいタバコを詰めはじめた。私は、その様子を眺めながら黙って待っていた。ようやく父が口を開いた。「エフラット、ロジックというものは何もないところには存在しないものだ。ロジック、つまり論理を展開していくには、直感に基づいて原因と結果の関係を次から次へと供給していかなければいけない。仮説を立てるにも、あるいは結果を予想するにも、直感なくしては無理なんだ。どんな前提があるのか、それを見つけ出すにも、やはり直感が必要だ」

父の説明の中に、まだ答えを見つけることができないでいた私は、父が説明を続けるのを待った。

「その直感は、感情から生まれる。ただし何も関心がないことについては、直感は湧きようがない。つまり、私たち人間は、感情、直感、ロジックという三本脚の椅子の上に立っているようなものなんだ。これまで話してきたこともすべてそうだ。すべてがうまくつながりあっているんだ。どうつながりあっているのか、まずは感情から説明してみよう。人間は誰しも感情を持っている」

「そうね」私は父の言葉に頷いた。「でもそれだけじゃ、人がみんな同じということにはならないわ。人の感情っていうのは、それぞれみんなその対象が違うわ。みんな、興味が違うの。だから、ある人にとってはとても大事なことが、他の人にとってはどうでもいい些細なことだったりするのよ」

「そのとおりだ。実は、それはとても重要なことを意味している。他の人と同じように、おまえにも何かとてても重要なことがあるはずだ。そして、そのことについては、おまえは強い直感を持っているはずだ。そう思わないかな」

「そうね、確かに。でも父さん、だからといってその直感が、私が成し遂げようとしていることにとって、十分な直感だとは限らないわ」

「だったら、もっと直感力を高めてやればいい」

その答えに、私はいったいどれだけ直感や頭脳を努力して高めることができるものなのか、父に詰め寄ろうとした。しかし、その前に逆に父から質問されてしまった。「ある事柄についてロジックを使い、その結果、その事柄に関する理解が深まったり、あるいは根本的な対立を取り除くことができて状況が著しく改善できた時、もう一つ重要なことが実は起きているんだ。そういう時、その事柄に関して人の感情というものは強まっていくものなんだ。気づいたことはあるかな」

「もちろんよ。何度も気づいたわ」

「例えば、明晰に考える練習を続けたとしよう。当然のことだが、明晰に考える練習をする時は、たくさんのことに集中力を分散したりはしない。関心がある特定の事柄に神経を集中するものだ。例えば、ロジックを展開するために、その事柄に関する直感を働かせたとしよう。明晰に考えることができればできるほど、感情はどんどん深まっていく。そして、感情が深くなればなるほど、直感はさらに強くなっていく。さらに直感が強くなればなるほど、ロジックをうまく展開できる可能性は高まり、ひいては、良好な結果につながる可能性も高まっていく。こうした結果は自らの関心事に関するものであるから、それは自分自身にとっては非常に有意義な結果ということになる。そして、結果が有意義であればあるほど、感情はさらに深まっていく。このように、すべてがつながっているんだ」

私は、父の説明について考えてみた。「それって、どんどん上昇していくスパイラルのようなものね。だから、誰にでも、充実した有意義な人生を送るに足る十分な頭脳と直感が備わっているって、父さんは信じているのね。いま持っている頭脳や直感がどの程度であれ、明晰に思考する練習を続ければ、スパイラルを伝って少しずつ上へ行けるってわけね。なるほど。父さん、人生に対する考え方は私もいろいろ見てきたけど、父さんのアプローチほど、楽観的なのは見たことも、聞いたこともないわ」

「楽観的だって？　おいおい、私ほど被害妄想的な人間はいないと思ってるんだがね。何ごとも運任せになんか、絶対にしないし、安全策の上に、また安全策を講じる。それを楽観的だというのかい？　どうして、そんなふうになるのかな」

私は微笑みながら、指を折って数えはじめた。「一、人は善良である。二、対立はすべて取り除くことができる。三、どんなに複雑に見える状況も、実は極めてシンプルである。四、どんな状況でも著しく改善することができる。限界なんてない。五、どんな人でも充実した人生を達成することができる。六、常にウィン－ウィンのソリューションがある。もっと続けてほしい？」

父が笑った。「エフラット、経験豊富な楽観主義者のことを何て言うか、知っているかな」

「悲観主義者？」

「そういうのもあるかもしれないが、『実践的先見者』って言うんだよ。自分が将来どうなるか、それは自分自身の選択次第なんだ。いいかい、エフラット。楽観的というのと、安易であるというのとは違う。混同してはいけない。それからいま、おまえが数えてくれたいくつかのポイントだが、裏返して考えてみれば、それは、他人に責任を押しつけたり、環境のせいにしてはいけないということだ。あるいは、自分のコントロールの及ぶ範囲じゃないとか、自分の能力を超えているなどと言ってはダメだ。自分自身の人生なんだから、自分ですべて責任を持たなければいけない。そうすることで、充実した有意義な人生を送ることができるようになるんだ。だけど、それは決して簡単なことではない。人というものは、愚痴をこぼしたり、不平不満を言ったりするのが大好きな生きものだ。だが、実際、私はそうした愉しみとは、おさらばしなければならなかったんだ」

私は笑いながら言った。「それは、残念だこと。でも、充実した有意義な人生が送れるんだったら、そんな愉しみ、私も喜んでさよならするわ」

The Choice

付章

フリーダム・オブ・チョイス

2007年7月に、
ゴールドラット・グループに提出したレポート。
改善手法を徹底的に評価検討する
ゴールドラット・グループのカルチャーをいっそう助長するために、
私はしばしばこうした実写的なレポートを用いる。
これらのレポートに記載されていることはすべて事実であるが、
そのレポート形式は、
通常の企業の報告スタイルとは大きく異なる。
ただし、本書の目的に合わせて、
一般読者でも理解しやすいように若干の修正が加えられている。

私、エリヤフ・ゴールドラットはどちらかというと、ハイペースな生活に慣れている。しかしここ数週間は、これまでに味わったことのないような経験の連続だった。

〈六月二五日〉

月曜の夕刻、私はオランダにいた。ゴールドラット・コンサルティング・ブラジルの地域ディレクター、トーマスから電話が入った。彼は、一五日後の七月一〇日に、大手スーパーチェーン社長とのミーティングを控えていた。しかし私たちには、小売企業向けのソリューションをしっかりとまとめた資料がまだなかった。

我々ゴールドラット・コンサルティングのブラジルでの活動は発展途上で、クライアントもまだ多くはない。トーマスによると、ミーティングを予定しているスーパーチェーンの年間売上げは四億ドル。現在のゴールドラット・コンサルティング・ブラジルにとっては大きい。ここは私も手を貸さなければと思い、私がソリューションを用意し、ブラジルに飛んでミーティングに参加したらどうだろうかとトーマスに提案した。もちろん、彼は大いに乗り気だ。

「しかし、そう簡単に書けるようなソリューションではない。それに、たった二時間のミーティングのためだけに地球の裏側まで行くのはもったいない。せっかく行くのだから、小売企業とのミーティングをあと三つほどセットアップできないだろうか」と私は打診した。すると「すでに何社かあたっています」とトーマスから返事が返ってきた。なるほど、やることは早い。ならばと、行くかどうか二日以内に決めて連絡するからと伝え、私は電話を切った。

それから一時間も経たないうちに、今度はゴールドラット・コンサルティング・ラテンアメリカの地域ディレクター、ハビエールから電話が入った。彼は、七月九日にコロンビアの小売企業（年間売上げ五〇〇〇万ドル）とのミーティングを予定しているという。なんと奇遇なことだろうか。これまで四年間、小売企業とのミーティングは一度もない。それが今度はいきなり二件、それも二日続けてあるというのだ。私は、ハビエールに先ほどのトーマスからの電話の内容を伝えた。場合によっては、先にコロンビアに行ってからブラジルに入ることも可能だ。

〈六月二七日〉

水曜の午後、イギリスのノッティンガムで、テクニカルアシスタントのリサが合流した。明日は、『健康産業におけるTOC』と題するMBAプログラムの最終日。

今夜も一五〇人ほどを前にしてプレゼンテーションしなければいけないが、それまでにはまだ少し時間がある。ホテルの館内は禁煙なので、息子のラミと、それからリサも一緒にパブに向かった。しかし、まったく困ったものだ。いまはどこもかしこも禁煙。イギリスではあと四日すると、公共の場、もちろんパブも含めて、すべての場所が禁煙となってしまう。この問題にも、そのうち何かいいソリューションを見つけないといけないなどと思いながら、「ブラジルに行くべきだろうか」と、私は二人に問いかけた。

八月一七日に、ブラジルでセミナー開催を予定しているが、あまり準備は進んでいない。企業のトップ・マネジメントを最低でも三〇人――それが主催者側に課した私たちの条件だが、まだまだその数に達していないのだ。そんなセミナーだったら、行っても時間の無駄になりかねない。しかし大手スーパーチェーンの社長からサプライヤーにセミナー参加を勧めてもらうことができれば、七月のブラジル出張は大きな意味を持つことになる。セミナーに多くの参加者を見込めるからだ。一時間後、スケジュールの変更が可能と確認できた段階で、私は七月のブラジル出張を決めた。

〈六月三〇日〉

トーマスは、すでに小売企業五社とのミーティングをアレンジしていた。その中でいちばん大きいのは年間売上げ八〇億ドル、小さくても二〇億ドルという顔ぶれだった。小売業を含め、サプライチェーンに関する私たちの経験は豊富だ。だが、これほど大規模の小売業者にソリューションを提案したことはまだない。「今回は、このぐらいでいいだろう」と、私はトーマスにとりあえず五社にとどめておくように指示した。

トーマスは、与えられた宿題をきちんと果たした。今度は私の番だ。リサに尻を叩かれながら、私はソリューションを書きはじめた。

〈七月六日〉

まだ少し時間を残して、小売業のツリー（小売企業向けソリューションのロジカル・ストラクチャー＝論理構造を詳細に表した資料）はできあがった。なかなか満足のいく出来だ。

結局、私はコロンビアへは行かず、代わりにスカイプを使って二時間ほど、ツリーのプレゼンテーション方法をハビエールに説明した。このプレゼンは非常に重要だ。ハビエールにはミーティングが終わったら、すぐにその結果を私に詳しく報告するよう指示を出した。ブラジルでは、大手小売企業五社とのミーティングがアレンジされている。その前に、できる限りの準備をしておきたいのだ。

〈七月八日〉

サンパウロ到着、いよいよ戦いの始まりだ。まず私は、トーマスからミーティングのスケジュールについて説明を受けた。彼によると、もともと七月一〇日に予定していた会社とのミーティングは相手の都合がつかずキャンセルになり、結局、ゼロからミーティングをアレンジしなければいけなくなったという。これまで、彼らは小売企業と仕事をしたことはない。コネクションはまったくなかった。大手企業のトップ・マネージャーと二時間のミーティングをアレンジするのはそう容易なことではない。ましてコネクションがなければ、ふつうは何か月もかかるところだ。

だったら、失うものなど何もない。ダメでもともと、トーマスたちはサンパウロの小売企業トップ一〇社のみに狙いを定めた。これら一〇社のどの会社でもいい、平社員だろうが、マネージャーだろうがレベルは問わない、誰か働いている人を知っている友人はいないか、あるいは友人の友人はいないか、まずはコネクション探しから作業は始まった。その結果、これらの会社で働いている人を何人か見つけることができた。役職は高くはないが、とりあえず入口には辿り着くことができた。彼らには、ゴールドラット博士が小売業向けソリューションの有効性について確認したいので、小売業に携わっている経験・知識豊富な人に会いたいのだと、ミーティングの目的を説明した。上司に確認してみて、躊躇した反応が返ってきた場合は、あとから手紙でもフォローしたという。

その結果、五日間で五社とのミーティングの約束をとりつけた。それだけではない。もしサンパウロでの滞在時間を延ばすことができれば、さらに三社、ミーティングが可能で、いまはペンディングにしているというのだ。ミーティングはいずれも社長か、あるいは購買担当、マーチャンダイジング担当の役員、本部長クラスのトップ・マネジメントと予定されているという。小売企業では、購買、あるいはマーチャンダイジング担当のトップの力が最も大きい。どの商品を購入するのか、どの商品にどれだけスペースを割り当てて、いくらで売るのかを決めるのが彼らの仕事だからだ。

これは、まったく予想外だった。事前に何のコネクションもなく、これだけ大手の企業と、それもそのトップ・マネジメントとこれだけ短時間にミーティングをアレンジできたということは、私たちの評判もまずまずという証拠だろうか。だとすればサンパウロだけでなく、他でも同じことができるかもしれない。今回の努力は何もブラジルに限ったことではない。ブラジルの小売企業も、他の国の小売企業もみな同じだ。TOC（制約理論）がブラジルで特によく知られているというわけでもないし、ブラジルのTOCコンサルタントが、特に他の国のコンサルタントより優れているというわけでもない。

考えはどんどん広がっていくが、とりあえずは目の前のタスクに集中だ。ミーティングの相手は大手企業だ。そう簡単にものごとが進むはずはない。こちらのソリューションにしても、部分的に試験運用し、一つひとつ確認しながら事を前に進めるのが彼らのいつものやり方だ。一度のミーティングでどこまで相手を納得させて、話を進めることができるだろうか。

もし相手がスローペースできたら、八月のセミナーへの参加を取引先のサプライヤーに勧めてもらうことなど、とうてい無理な話だ。

しかし、用意したソリューションには自信がある。一度説明させてもらえば、その論理が的を射ていることは理解してもらえるはずだ。彼らの日頃の多くの経験からもその妥当性は十分立証されるはずに違いない。ゆっくりと確認作業をしても、その妥当性が一つひとつ実証されるだけで、あまり大きな助けにはならない。逆に、利益増加が先延ばしになるだけだと気づいてくれることを願おう。もしサプライヤーのパフォーマンスが不十分だと考えている会社があるとすれば、こちらにとっては好都合だ。何らかの対応をサプライヤーに望みたいとすでに考えているかもしれないからだ。

そこまで話をスムーズに進めることができればいいのだが、はたしてそれだけで十分だろうか。いや、そんなはずはない。他にもしなければいけないことがあるはずだ。いったい何だろう。

夜、頭が冴えて眠れない。きっと時差ボケのせいだろう。

〈七月九日〉

私は、現地スタッフに、用意したソリューションの説明を行なった。彼らがまだ見たことのない新しい内容も多く含まれているが、見込みクライアントの前では自信を持って説明してもらわなければいけない。サプライチェーンについては、これまでサプライヤーの立場から見ることがほとんどだったため、立場を代えて、つまり小売企業の立場から見るのには苦労したようだ。しかしその見方に慣れると、このソリューションと他のソリューションとの大きな違いを理解してもらうことができた。小売企業のオペレーション改善は、製造業と比較してシンプルだ。営業活動もマーケティング活動も必要ない。オペレーションさえ改善すれば、自ずと売上げも伸びてくる。それが小売業というものだ。

結果は、簡単についてくる。それに、やりようによっては驚くような成果をあげることも可能だ。そんなこと、これまで注意して考えたこともない。誰か人に説明したこともない。なぜなのだろうと思う。なるほど、アインシュタインは正しい。この世には、限界のないものが二つある。一つは宇宙。もう一つは、人間の愚かさだとはよく言ったものだ。宇宙のことはよくわからないが、人間の愚かさには確かに限界がない。

ところで、これで私たちにはいったいいくらのコンサルティング・フィーが入ってくるのだろうか。私たちのフィーは、クライアント企業の業績が実際にどれだけ伸びたかに比例する。通常は、企業価値増加分の一〇パーセントが私たちの取り分だ。だから、何百万ドルという契約になるのも当然だ。しかし、今度の相手は大企業だ。売上げ規模もこれまでの相手とは違う。従来の計算式をそのまま使うことには多少抵抗を感じる。小売企業の場合、売上高利益率は簡単に倍以上になり得る。

そうなると、私たちのフィーが不当に高くなってしまうこともある。私たちは、数字を見直した。必要以上に譲歩する必要はないが、できるだけ控えめな数字になるように努めた。その数字をさらに半分に減らしたが、それでもまだ不十分だ。なかなか思うような数字に落ち着かない。いまは、これ以上やっても無駄だ。とりあえず、数字遊びはやめておこう。

ただ、一つだけはっきりとしていることがある。明日、明後日のミーティングが非常に重要だということだ。当初考えていたよりもずっと重要だ。準備にしすぎはない。私はできる限りの準備をしようと考えた。どういう結果になるか、まったく見当もつかない。何か見落としていることはないか。望む結果を得るために、何か他にできることはないだろうか。

夜八時、ようやくコロンビアのハビエールから電話が入った。ミーティングが非常にうまくいったことは、彼の声のトーンからわかった。しかし電話回線の調子が悪く、非常に聞きづらい。訊きたいことはたくさんあったが、質問するのは諦めて、レポートを提出するように指示した。詳しいことは、明日の朝までお預けだ。

〈七月一〇日〉

朝、まず何をしようか。歯を磨くべきか、あるいはハビエールからのレポートに目を通すべきか。

ミーティングは予想以上にうまくいったようだ。小売企業の視点からものを観るのには苦労したが、戦略と戦術のツリーの出来には我ながら満足していた。それを彼のミーティングが立証してくれた。本当を言うと、どういう評価が下るのか確信はなかった。プロトタイプが最初から完璧に動くなどと考えるのは、愚か者以外にはいない。

ハビエールのレポートによると、相手からは何の反論も異議もなかった。相手のコメントはこちらが用意したツリーの考え方に同意するものか、あるいは相手が懸念を感じていたとしてもきちんと納得する答えを出せるものばかりだった。ミーティングは大成功、ハビエールは見事に大役を果たした。「そちらもうまくいくように期待しています」と、自信に満ちた言葉でメールを締めくくっていたのも当然のことだった。期待してくれるのは有り難いが、そうたやすいことではない。

午前一〇時、最初のミーティングが始まった。相手は、世界的規模の小売企業の子会社。年間売上高は二〇億ドル。購買担当の本部長と、その部下三人だ。ソリューションのプレゼンテーションには、細心の注意が必要だ。下手すれば、相手を個人批判しているようにとられかねない。問題の原因はあなたにあるんです、と言っているような印象を与えては大変だ。ステップ・バイ・ステップで、話を進めないといけない。まずは、こちらが用意したソリューションと、先方がこちらに対してどのような期待を持っているのか、そのギャップを埋めるところからスタートしなければならない。ミーティングのアレンジの仕方が仕方だっただけに、相手がこちらに対してどのような期待をしているのかは、まだはっきりとわからない。相手には「ゴールドラット博士が、小売業向けソリューションの有効性について確認したいので、小売業に携わっている経験・知識豊富な人に会わせてほしい」と言って、ミーティングのアポを取りつけたのだった。

このミーティングのために、私は周到に準備した。あとは計画したとおり、うまくいくかどうか見極めるだけだった。冒頭、このミーティングでどこまでの範囲をカバーするのか、それは先方の希望次第であると述べた。購買機能だけに限った話にするのか、あるいはサプライチェーン全体についてなのか、はたまた相手が取締役会のメンバーであることから（覗きこむように相手の目を凝視しながら）会社全体の戦略についてまで話を広げるのか、私は相手の意向をうかがった。私の言葉、声の調子、身振り、手振りが選択の余地を与えなかったのだろう。先方は慎重に三番目の選択肢を選んだ。そこからはこちらのペース。やるべきことはわかっている。ハビエールと同じアプローチで、私は説明を行なった。ほっとしたことに、相手四人からの反応はハビエールの時と同様、基本的に前向きなものばかりだった。

ミーティングの最後、私は相手に二つほどリクエストをした。一つは、先方の社長にトーマスが会えるよう、ミーティングをアレンジしてくれること。もう一つは、彼らのサプライヤーに、八月に開催される私のセミナーに参加するよう働きかけてくれることだった。この会社は自社ブランドのファッション衣料を販売しているので、サプライヤーは主に下請業者だ。その数は、四〇〇社に及ぶ。はっきりとした約束はとりつけることができなかったが、彼らの言葉はいずれも非常に前向きなものだった。これまでも、こうしたミーティングは私も数多くこなしてきた。その中でも、先方の対応は確かに好ましいものだった。

ハビエールのミーティングだけではない。このミーティングでも、用意したツリーが小売企業にとって非常に説得力あるものであることが確認できた。しかし、先方へのアプローチの仕方については正直まだ迷いはあった。ソリューションを部分的に試験運用して、その有効性をはっきり確認してもらってから本格運用という選択肢もあろうが、それについては、私は一切触れることをしなかった。それでよかったのだろうか。しかし、それほど心配する必要はなさそうだ。ミーティングは極めてうまくいったのだ。このあと、何をしなければいけないかもわかっている。相手が大企業であろうと、いつもどおりの段取りで事を進めればいい。悪くてもそれぐらいはできるはずだ。しかし、いちばん気になるのは八月のセミナーだ。サプライヤーにセミナーへの参加を本当に促してくれるかどうか、それが気になる。セミナー開催まであとわずか一か月。ゆっくりと相手の答えを待っている余裕はない。私は、ビジネスの世界が大好きだ。科学者からすれば、夢の世界だ。物理学では、一生懸命研究して、予想した結果、効果を確認するのには何年も待たなければいけないこともある。だが、ビジネスの世界は違う。ほんの数週間で確認ができる。

次のミーティングが始まるのを待っているところだった。しかし、連絡の行き違いで明日まで延期ということになった。スケジュールが狂うのは楽しくないが、とりあえず大きな問題はない。しかし、マーフィー（予期せぬトラブル）が秘書とやらを使って、どれだけこちらのスケジュールを狂わしてくるのか、その悪巧み振りは、このあと気づくことになった。

ロビーで腰をかけていると、トーマスの携帯電話にメールが二通ほど送られてきた。今朝ミーティングをした相手からのものだった。早速、動いてくれたようだ。それもこんなに早く。彼らと別れてからまだ六時間しか経っていない。その迅速な動きがいったい何を意味しているのか、私たちは顔を見合わせた。

残りのミーティングはあと四社。この調子だと、セミナーには三〇〇社ほどの参加は見込めるかもしれない。トーマスはセミナーの主催者に電話を入れた。「心配要りません。席は十分用意できるそうです」とトーマスは私たちに言った。

だが、心配はそのあとだ。もしセミナーが盛況に終わったら、ゴールドラット・コンサルティングのオーディターが、あといったい何人必要になるのだろうか。オーディターとは、ゴールドラット・コンサルティングの中でも最も優秀なコンサルタントだ。コンサルタントをオーディターのレベルまで育成するには、一年以上かかる。現在、ブラジルにはオーディターが二人いるが、ほんの一〇分前までは、二人で二〇〇八年の終わりまでは十分対応できるだろうと私は思っていた。

しかし、いまこの目で見ている状況が本物だとしたらどうだろう。いまの体制ではそんな状況にとうてい対応できない、すぐに首が回らなくなることは容易に想像できた。

〈七月一一日〉

私たちは、会議室に集まっていた。昨日のミーティング相手から電話があったことが、トーマスから告げられた。早期申し込み割引の期限が過ぎているようなので、割引期限を延長できないかと言ってきたというのだ。もし本気でサプライヤーにセミナー参加を促すつもりがなければ、そんなことはリクエストしてこないだろう。どうやらセミナー参加企業三〇〇社というのも、そう無理な希望でもなさそうだ。

もし本当にそうなったらどうなるのだろうかと、私は考えた。通常、私たちのセミナーに参加した企業の半分程度は、実際のプロジェクトのコンサルティング申し込みへとつながる。重要クライアントからの勧めでセミナー参加となれば、その割合はおそらく増えるだろう。これまでにもこうして多くの企業からコンサルティングの申し込みを受けたが、実際に次の段階に進んだところはほとんどなかった。多くはこちらが用意したスタンダードなソリューションでは対応できなかったためだ。しかし今回は違う。彼らのために用意したソリューションだ。ということは、セミナー参加企業が三〇〇社とすれば、その半分の一五〇社が見込みクライアントになるということだ。そんなに多くのクライアントにどう対応できるのだろうか。

「何か違う」そう結論づけて、私は、ラミに私の懸念を説明した。そして彼に一つ指示を出した。控えめに見積もって、一年後、いったいブラジルで何人のオーディターが必要になるのか、その数を考えてくれと伝えたのだ。

次のミーティングは、年間売上高八〇億ドルのデパートだった。相手は、マーチャンダイジング担当の本部長。彼によると、在庫切れの商品は二五パーセント以上。このミーティングも前回同様、こちらの思いどおりにいった。サプライヤーにセミナー参加を勧めてほしいという、こちらのリクエストに対し極めて好意的な反応だったのだ。同社のサプライヤーは一万四〇〇〇社、そう、一万四〇〇〇だ。

先ほどの私の指示に、ラミが答えを用意して戻ってきた。必要なオーディターの数は一〇人。しかし、いましがた終わったミーティングの様子を伝えると、「もう一つゼロが必要」と彼は付け加えた。なるほど一〇〇人か。その数が、私の頭の中で何度もこだました。

その次のミーティングは、時間どおりには始まらなかった。またまた、マーフィーの出現だ。懲りもしないで何度も何度も攻撃してくる。秘書がミーティングの場所や日にちを間違えたり、さらに交通渋滞やら先方のスケジュールが詰まっていたりして、ミーティングの日時変更はかなわない。結局、予定していた五社のうち実際にミーティングできたのは三社だけだった。ミーティングをアレンジしたトーマスは、当然のことながら、バツの悪いこと極まりない。しかし恥じることはない。今回は、なかなかの出来だ。十分賞賛に値する出来栄えだったことは間違いない。

そして、その日午後遅くのミーティング。結局、これが今回、最後のミーティングとなったのだが、相手は年間売上げ四〇億ドルの大手小売企業の購買担当本部長。いちばん最初にミーティングを行なった会社の競合相手だ。このミーティングも前の二つ同様、スムーズに進んだ。社長とのミーティングをアレンジしてくれることにも同意してくれた。また、サプライヤー（四〇〇〇社）にもセミナー参加を勧めてくれると約束してくれた。さっそく、彼にセミナー資料を一式用意しなければいけない。

イスラエルに戻る機内で、私はゴールドラット・グループのトップ・マネージャー全員を集合させることにした。七月一九日と二〇日、どんな大切な用事が入っていても、すべてキャンセルして全員オランダの私のオフィスに集合だ。

私たちは、これまでクライアントにさんざん警告してきた。競合優位性をいかんなく活用すると、必然的に売上げは増える。しかし準備ができていないと、その競合優位性が今度は崩壊してしまう危険があると。

しかし、どうだろう。いまの私たちこそ、その危険に陥りかけているのではないだろうか。人に偉そうなことを言っておいて、自分たちができていないとは。

私は、自分自身に大きな失望感を感じた。


〈七月一九日〉

全員、オランダに集合した。あと五分でミーティングが始まる。私はさっとメールをチェックした。トーマスから一件入っていたのだが、その内容に私は愕然とした。

ミーティングした三社のうち、その後、コンタクトできたのは、結局二社だけ。しかもその二社とも社長とのミーティングは時期尚早、まだアレンジはできないと通告してきたというのだ。それだけではない。八月のセミナーについても、内容をもっと把握してからでないとサプライヤーに参加を勧められないと言ってきたのだ。考えてみれば無理もない。相手は、大手企業の役員連中だ。そう事がスムーズに進むわけはない。リスクを負うことを嫌う連中だ。

まもなく会議が始まる。ゴールドラット・グループのトップ・マネージャー全員が一堂に会した会議だ。過ぎたことを、いま悔やんでいる時間はない。

いま、この時点での選択肢は二つ。

一つは、もらったはずの賞品をわけもわからず取り上げられて泣きじゃくる子供か、宝くじで一等が当たったと思って賞金を受け取りにいったら番号が一桁だけ違っていたことに気づいた大人のように振る舞うこと。要は、自分の運命を恨んで、愚痴をたらたらとこぼすことだ。

もう一つは、自分のいまの状況を冷静に分析すること。ここ三週間の出来事を振り返ってみよう。

1　いま、我々にとってターゲットとすべきは、小売業であることがはっきりとわかった。

2　大手小売企業をほんの数社取り込むことで、その下にぶらさがっている数多くのサプライヤーにもアプローチすることができることがわかった。要は、小売業では、これまで築いてきた我々のニッチの強みを効率よく活かす方法があるということだ。

3　見込みクライアントが一気に増えてどう対応しようか懸念していたが、その危機からは救われた。

4　事を前に進めるための材料は、自分たちで計画、制御できる形ですべて揃っている。つまり、我々にとって、今後大きな成長を成し遂げるためには、いまここで何をなすべきか、しっかりとした計画を立てることが極めて重要だということだ。

そう、選択肢は二つだ。一つは自分を取り巻く現実を恨むこと。もう一つは、現実が与えてくれた贈り物を感謝して刈り取ることだ。これが、私の言うフリーダム・オブ・チョイス、つまり選択の自由だ。

会議はこのあと二日間続いた。いま、自分たちに与えられたものを今後、どう活かしどう伸ばしていくか、そのプロセスを全員で構築していった。その内容については、機会があれば別のレポートで説明することにしよう。

解説——よりシンプルに、より全体最適へ

『ザ・ゴール』の出版以来、世界中で目覚ましい成果を出し続けるTOC（制約理論）。それは、ボトルネックという一点に集中することが、全体最適へのマネジメントの扉を開き、最小の努力で、最大の効果を、最短の時間でもたらすという、考えてみれば当たり前すぎる「常識」に基づいた、コロンブスの卵の喩えそのもののような理論である。

TOCは、次の二つの重要な信念によって支えられている。

・人はもともと善良である
・ものごとは、そもそもシンプルである

ゴールドラット博士は、「ものごとが複雑に見えているのは、我々の認識の問題であって、そもそも本質はシンプルなのだ」と常に語る。そして、自ら進んで、どんな複雑なものでもシンプルに本質を解き明かす。その結果、つまびらかにされたものは、あま

りにも明確で、常識的なものであり、それを人は、目から鱗と言う。

その理論の進化は、ゴールドラット博士の著作を辿ってみることで明らかになる。最初の『ザ・ゴール』の出版は一九八四年。この本は、生産をテーマにして非常に複雑なものを単純にして、解き明かした。それから、『ザ・ゴール2』では、生産よりもはるかに複雑と思われるマーケティングとサプライチェーンについて、そして『チェンジ・ザ・ルール！』では、ますます複雑になる現代のビジネス全般の大きな課題について、IT化とは何のためにするのかというシンプルな質問で、パワフルな解決策を示した。さらに『クリティカルチェーン』では、さらに不確実性が高く、複雑で、しかも同じものは二度とないプロジェクトについて、驚くほどシンプルに全体最適のマネジメントへの道を解き明かした。

本書『ザ・チョイス』は、これをさらに進めて、組織全体、さらには個人の人生について議論をしている。「個人の人生についてまで、なぜ？」という疑問もあろうかと思うが、博士にしてみれば、組織と個人を分けて考えること自体が不自然に感じられるのだろう。私のこの疑問に対して「組織は、人で構成されている。そして、それぞれの人には人生がある。その人生の方が大切だと思わないか?」と答えてくれた。確かに、組織と人は分けても分けられないのが現実だ。私たちにとって、組織と個人を分けて考えるのではなく、つなげて考えて、本質を解き明かすことの方が大切なことなのだ。

博士は、講演の締めくくりに「意義のある人生を送ってほしい」と呼びかけることは、広く知られている。これは、博士の心からの思いであり、『ザ・チョイス』の直接のテーマともなっている。組織と個人という、異なる二つの事柄の本質を解き明かすために、本書で語られているすべてのことは、愛娘エフラットをはじめ登場人物も実名で、事実に基づいて描かれている。また、コンサルティング事例については、「バイアブル・ビジョン(Viable Vision)」という文字どおり「理想を実現する」という、博士が提唱し、自ら手がけている「繁栄し続ける(Ever-Flourishing)」企業を作るためのプロジェクトの実際のケースである。本書にも掲載されている「ゴールドラット・レポート」は、博士が率いるゴールドラット・グループが世界中でコンサルティングを実施した目覚ましい事例と、博士自らがクライアントを訪れ、状況を精査し、そこから得られた教訓をレポートにまとめたものである。博士はこういう形で、世界中の側近と自分の考え方を分かち合っている。私自身も、ゴールドラット・グループに参加した時に、はじめて目にしたノウハウの塊のような数々のレポートにたいへん驚かされたものだが、それを惜しげもなく公開することは博士が自分自身を科学者として位置づけているところからきているのであろう。

「Think like true scientist（科学者のように考えよ）」と、博士は常に周囲に語りかける。ものごとのうわべに惑わされることなく、深い洞察によって、その本質に迫り、科学者として「Cause & Effect Logic（因果関係のロジック）」を活用して、一つひとつは当たり前と思われる現象をつなぎ合わせてみせる。そして、どんな複雑なものでもシンプルにして、誰にでもわかりやすく、その本質を解き明かしていく。本質に迫れば迫るほど、一見異なったものごとにも共通の類似性と対称性が見つかり、そのことに人は美しささえ覚える。「目から鱗」という言葉は、目から鱗が取れて、ものごとの本質が見えるようになったから、そう言うのであろう。

常識的なことを説明することは、当り前だと片づけることもできなくはない。しかし、常識的なことを、誰でも納得できるように説明することは極めて難しい。リンゴは落ちる。それは常識だ。この常識に対して、ニュートンは「なぜ？」と問いかけ、因果関係をつまびらかにし、万有引力の法則を発見した。それが偉大なことであるのは誰もが認めるところであろう。それは、彼の発見が科学の発展に貢献し、世の中に広く活用され、世の役に立っているからではないだろうか。ゴールドラット博士も、科学者として、まったく同じアプローチをとっている。社会科学の領域にハードサイエンスの手法を持ち込み、複雑なものを解き明かす。その本質をシンプルに明らかにすることで、理論化して、世の中に広く活用され、世の役に立つことを博士は願ってやまないのだ。『理論』を広辞苑で調べると、「個々の事実や認識を統一的に説明することのできる普遍性をもつ体系的知識」とある。博士が、「Theory Of Constraints」と名づけ、科学的な理論として、位置づけたのも頷けるところである。

『ザ・チョイス』は、実践的なノウハウの詰まったビジネス書でありながら、人生そのものについて問いかける、とても哲学的な本だ。そして、組織と人の人生という異なったものを本質的に解き明かす。そのメッセージは、最後の章に以下のようにまとめられている。

・人はもともと善良である

・すべての対立は解消できる
・ものごとは、そもそもシンプルである
・どんな状況でも飛躍的に改善できる
・すべての人は充実した人生を過ごすことができる

こうして並べてみると、日本的美徳さえ感じてしまう言葉の数々だ。そして『調和』は、常に彼のすべての著作物に見られるキーワードでもある。最近の傾向として、博士は「Harmony」という言葉よりも、「Wa（『和』）」という言葉を好んで使うことが多い。本書を読んでいて違和感を覚えるどころか、むしろ共感を持たれた読者の方は決して少なくないと思う。

博士は、「トヨタ生産方式の産みの親である大野耐一氏がいなかったら、TOCは存在しなかった」と常に公言するほど、大野氏を尊敬してやまない。私たち日本人が、博士の著作に共感を覚えたとするなら、大野氏から得た偉大な教訓の本質を博士がやさしく解き明かしてくれているからではないかと思う。

TOCのあらゆる知恵とソリューションとエッセンスが詰まった、この本をぜひ広く活用していただき、世の中に、そして、自らの人生のために役立てていただけることを願ってやまない。

意義のある人生のために！

ゴールドラット・コンサルティング・ディレクター兼日本代表

岸良裕司

［著者］
エリヤフ・ゴールドラット（Eliyahu M. Goldratt）
イスラエルの物理学者。1948年生まれ。『ザ・ゴール』で説明した生産管理の手法をTOC（Theory of Constraints:制約理論）と名づけ、その研究や教育を推進する研究所を設立した。その後、TOCを単なる生産管理の理論から、新しい会計方法（スループット会計）や一般的な問題解決の手法（思考プロセス）へと発展させ、アメリカの生産管理やサプライチェーン・マネジメントに大きな影響を与えた。2002年、TOCをさらに普及させるために、ゴールドラット・コンサルティング、ゴールドラット・マーケティング、ゴールドラット・スクールからなるゴールドラット・グループを創設。著書に、世界各国でベストセラーとなった『ザ・ゴール』『ザ・ゴール2』『チェンジ・ザ・ルール！』『クリティカルチェーン』『ゴールドラット博士のコストに縛られるな！』（いずれもダイヤモンド社刊）などがある。

［監訳者］
岸良裕司（きしら・ゆうじ）
1959年生まれ。ゴールドラット・コンサルティング・ディレクター兼日本代表。日本TOC推進協議会理事。「三方良しの公共事業」は、ゴールドラット博士の絶賛を浴び、2007年4月に国策として正式に採用された。著書に『全体最適の問題解決入門』（ダイヤモンド社）、『三方良しの公共事業改革』（中経出版）などがある。

［訳者］
三本木　亮（さんぼんぎ・りょう）
1960年生まれ。早稲田大学商学部卒。米ブリガムヤング大学ビジネススクール卒、MBA取得。在日南アフリカ総領事館（現大使館）、大和証券を経て、92年に渡米。ブリガムヤング大学ビジネススクール国際ビジネス教育センター准教授などを務めた後、現在、TMMディベロップメントLLC、カッパーリーフLLCのマネージングパートナー、AIC債権回収㈱の取締役を務める他、日米間の投資事業、提携事業にも数多く携わる。

ザ・チョイス——複雑さに惑わされるな！

2008年11月7日　第1刷発行
2008年11月20日　第2刷発行

著　者——エリヤフ・ゴールドラット
監訳者——岸良裕司
訳　者——三本木　亮
発行所——ダイヤモンド社
〒150-8409　東京都渋谷区神宮前6-12-17
http://www.diamond.co.jp/
電話／03·5778·7232（編集）　03·5778·7240（販売）

装丁————藤崎　登
製作進行——ダイヤモンド・グラフィック社
印刷————慶昌堂印刷
製本————宮本製本所
編集担当——久我　茂

ISBN 978-4-478-00665-8

◆ダイヤモンド社の本◆

ザ・ゴール
企業の究極の目的とは何か
エリヤフ・ゴールドラット［著］ 三本木 亮［訳］

企業のゴール（目標）とは何か――ハラハラ、ドキドキ読み進むうちに、劇的に業績を改善させるTOCの原理が頭に入る。

●四六判並製●定価（本体1600円＋税）

ザ・ゴール 2
思考プロセス
エリヤフ・ゴールドラット［著］ 三本木 亮［訳］

工場閉鎖の危機を救ったアレックス。またしても彼を次々と難題が襲う。はたして「TOC流問題解決手法」で再び危機を克服できるのか。

●四六判並製●定価（本体1600円＋税）

チェンジ・ザ・ルール！
なぜ、出せるはずの利益が出ないのか
エリヤフ・ゴールドラット［著］ 三本木 亮［訳］

IT投資によるテクノロジー装備だけでは、利益向上にはつながらない。なぜなら、何もルールが変わっていないからだ!!

●四六判並製●定価（本体1600円＋税）

クリティカルチェーン
なぜ、プロジェクトは予定どおりに進まないのか？
エリヤフ・ゴールドラット［著］ 三本木 亮［訳］

またまた、我々の常識は覆される！――どうして、プロジェクトはいつも遅れるのか？　そんな誰もが抱えるジレンマを解決する。

●四六判並製●定価（本体1600円＋税）

ゴールドラット博士のコストに縛られるな！
利益を最大化するＴＯＣ意思決定プロセス
エリヤフ・ゴールドラット［著］ 三本木 亮［訳］

会社のゴールは、コスト削減でも改善でもない。より多くのお金を儲けることである。スループットを尺度にした意思決定法を説く。

●四六判上製●定価（本体1800円＋税）

http://www.diamond.co.jp/